邓稼先
知识分子的榜样

四川两弹一星干部学院★编

人民日报出版社
北京

图书在版编目（CIP）数据

邓稼先：知识分子的榜样 / 四川两弹一星干部学院编 . —北京：人民日报出版社，2024.6
ISBN 978-7-5115-8261-4

Ⅰ.①邓… Ⅱ.①四… Ⅲ.①邓稼先（1924-1986）—传记 Ⅳ.①K826.16

中国国家版本馆CIP数据核字（2024）第072580号

书　　名：	邓稼先：知识分子的榜样 DENGJIAXIAN: ZHISHI FENZI DE BANGYANG
编　　者：	四川两弹一星干部学院
出 版 人：	刘华新
责任编辑：	蒋菊平　李　安
出版发行：	人民日报出版社
社　　址：	北京金台西路2号
邮政编码：	100733
发行热线：	（010）65369509　65369527　65369846　65369512
邮购热线：	（010）65369530　65363527
编辑热线：	（010）65369528
网　　址：	www.peopledailypress.com
经　　销：	新华书店
印　　刷：	大厂回族自治县彩虹印刷有限公司
法律顾问：	北京科宇律师事务所　（010）83622312
开　　本：	710mm×1000mm　1/16
字　　数：	219千字
印　　张：	17
版次印次：	2024年7月第1版　2024年12月第3次印刷
书　　号：	ISBN 978-7-5115-8261-4
定　　价：	48.00元

《邓稼先：知识分子的榜样》编委会

总顾问：胡思得　杜祥琬　张　翔
顾　问：邓志平　许　进　莫怀学
主　任：刘　涛
委　员（以姓氏笔画为序）：
　　　　　邓　诚　刘　强　张　峻
　　　　　林银亮　金　鑫　侯艺兵
　　　　　梁胜朝　韩长林

知识分子的榜样
共产党员的模范

邓稼先同志一生为我国核工业的创建和发展作出特殊的贡献，英年早逝，书此以兹纪念

宋任穷
一九八六年冬十二月

他不愧是中华民族的好儿子,不愧是中国共产党的优秀党员,不愧是中国知识分子的优秀代表。

——张爱萍

稼先为人忠诚纯正,是我最敬爱的挚友。他的无私的精神与巨大的贡献是你的也是我的永恒的骄傲。

如果稼先再次选择他的途径的话,他仍会走他已走过的道路。这是他的性格与品质。能这样估价自己一生的人不多,我们应为稼先庆幸!

——杨振宁

稼先的工作,稼先的为人,可称是我们行动的楷模。

——王淦昌

稼先的精神常在,它将时刻激励九院人在攀登新的科技高峰中从胜利走向新的更加辉煌的胜利。

——于　敏　胡仁宇　胡思得

邓稼先是中国核武器研制工作的开拓者和奠基者之一,他的崇高品德和精神风范,将永远激励科研人员不懈奋斗!

——胡思得

邓稼先无私奉献的一生,蕴含着宝贵的爱国主义精神和革命英雄气概。

——杜祥琬

序一

2024年是新中国成立75周年,是中国第一颗原子弹爆炸试验成功60周年,是"两弹元勋"邓稼先诞辰100周年。

"禾之秀实而在野曰稼。""两弹元勋"邓稼先,这位扎根于中国大地的人民科学家,是中华民族的荣耀,是中国人民的骄傲。他鞠躬尽瘁、死而后已的崇高品德,一生践诺、许身国威的爱国情怀,坚持真理、求实创新的科学精神,映照出了他科技报国的一片赤子之心。他隐姓埋名28年,自觉将个人情感升华为对祖国、对人民的大爱担当,自觉把个人命运融入到祖国和民族命运之中,为国防尖端技术奉献出了自己的一生,书写了忠诚担当的奋斗诗篇。

杨振宁先生曾这样评价邓稼先:"稼先为人忠诚纯正,是我最敬爱的挚友。""邓稼先的一生是有方向、有意识地前进的。没有彷徨,没有矛盾。是的,如果稼先再次选择他的途径的话,他仍会走他已走过的道路。"

纵观"两弹元勋"邓稼先的一生,他所走过的人生道路,是新中国知识分子爱国奉献的进步道路。他是参与"两弹一星"研制科学家们的杰出代表,是中国知识分子的光辉榜样。

祖国不会忘记,人民不会忘记。为了缅怀这位"两弹元勋",为了学习这位人民科学家，为了传承弘扬"两弹一星"精神，四川两弹一星干部学院收集整理汇编了邓稼先的家人、领导、同事以及各界人士所撰写的纪念文章、诗词，精选编纂了《邓稼先：知识分子的榜样》一书，以此铭记这位为国防尖端技术许身国威壮河山的人民科学家，这无疑是一件有意义的事情。

《邓稼先：知识分子的榜样》既是走近邓稼先、认识邓稼先、怀念邓稼先、学习邓稼先的一本书，也是进行"两弹一星"精神、科学家精神与社会主义核心价值观教育的一本学习教材。

学习邓稼先，对我们今天具有重要现实意义。我们要学习他为了祖国的强盛、为了国防尖端技术的发展，身先士卒，勇担风险，舍生忘死，奋斗不息的献身精神；要学习他不计名利，任劳任怨，埋头苦干，甘当无名英雄的崇高品德；要学习他对工作一丝不苟，极端负责，处处以国家利益为重的高度政治责任感；要学习他谦虚谨慎，平易近人，深入实际，团结群众的优良作风。

伟大的事业孕育伟大的精神，伟大的精神引领伟大的事业。

我们要从邓稼先为代表的老一辈科学家的精神中汲取奋进力量，以与时俱进的精神、革故鼎新的勇气、坚韧不拔的定力，面向世界科技前沿、面向经济主战场、面向国家重大需求、面向人民生命健康，肩负起时代赋予的重任，努力实现高水平科技自强自立，为全面建设社会主义现代化国家、全面推进中华民族伟大复兴不断作出新的更大的贡献。

杜祥琬

中国工程院院士

应用物理、强激光技术和能源战略专家

2024年5月29日

序二

"两弹"元勋邓稼先

许多前辈科学家都还记得,本世纪四十年代有一段时间,国际上一批杰出的核物理学家忽然"失踪"了。直到美国爆炸成功第一颗原子弹,这批科学家才又在公开场合露面。

中国也有"失踪"的科学家。不久前,杨振宁教授问一位六十年代从北京大学核物理专业毕业的大学生说:"你听说过邓稼先吗?"那位大学生摇了摇头。这不能怪那位大学生。因为邓稼先所从事的工作,在一段时期属于国家的高级机密。

近来记者在我国核武器研究设计基地采访,听到了许多关于邓稼先和像他一样的无名英雄们,为了增强中国的国防力量,舍生忘死的动人故事。

我们要放个"大炮仗"

事情要从一九五八年秋季讲起。有一天,当时的第二机械工业部的一位负责人找到邓稼先说:"小邓,我们要放个'大炮仗',这是国家绝密的事情,想请你参加,你看怎么样?"说完,他又严肃地说:"这可是光荣的任务啊!"

新中国成立前,邓稼先从昆明西南联合大学物理系毕业后远涉重洋到了美国,在印第安纳州普渡大学获得博士学位后,一九五〇年同一百多位中国留学生一起,冲破种种阻挠回到祖国。当他这位"娃娃博士"出现在钱三强、彭桓武、王淦昌等刚从欧美各国归来的前辈物理学家面前时,大家都为初创的中国科学院近代物理研究所注入了新鲜血液而高兴。几年里,邓稼先和老科学家们一起艰苦创业,他们自己骑着自行车到旧货摊上购买零件,自己动手研制仪器,使近代物理研究所——新中国第一所近代物理的研究机构渐渐壮大起来。

当中国核工业部门的负责人说国家要放个"大炮仗",而且要邓稼先参加时,他立刻明白了,就是说要让他参加原子弹的研制工作。面对这艰巨、光荣、关系重大的事情,一时间,他不免有些惶恐、胆怯,说:"呵,研制原子弹!我能行吗?"

"能行。你就和大家干吧!这是国家对你的信任。这件事关系到国家的安危,相信你能够干好!"

这天晚上,邓稼先回到家里一夜未眠。妻子许鹿希见他神情有些异常,问他发生了什么事?

"没有什么,我要调动工作!"他平静地说。但想到以后不可能长年和妻子、孩子生活在一起,他不免有点惆怅和激动,怀着深深的歉意说:"鹿希,以后家里的事我就不能管了,我的生命就献给未来的工作了,做好了这件事,我这一生过得就很有意义,就是为它死了也值得!"

这天夜里,邓稼先和他的妻子忆起了许多往事,尤其是谈到过去的共同经历和国家未来的前途,两个人都很动感情。许鹿希是许德珩先生的长女,她虽然不知道邓稼先要调动到哪里,干什么工作,但是,她明白她的丈夫要做的一定是关系到国家利益的大事业,而且相信他会豁出命来干的。这是因为他们都经历过国破家亡的苦难……尤其是"七七事变"日本侵略军在卢沟桥的炮声,似乎还在耳边回响;荷枪实弹的日本兵任意屠杀手无寸铁的中国人,这些场面还不时浮现在眼前……

"一个国家没有自卫能力,必然任人宰割,老百姓没有活头!""七七事变"之后,邓稼先曾不得不随老师和同学开始颠沛流离的流亡生活。现在,当听说中国这样一个百余年来任人欺凌的落后国家,也要研制战略核武器,以加强国防时,他当然无法抑制内心的激动和喜悦。从这天起,为了祖国的利益邓稼先作为一个在国内外崭露头角的优秀青年物理学家,便销声匿迹了。

艰苦创业的年月

"失踪"之后的邓稼先,走进了筹建中的核武器研究设计院。这时,所谓的核武器研究设计院,还只是一片庄稼地。而科技人员呢,也寥寥无几。他作为原子弹理论设计的负责人,不得不从头做起。报到后做的第一件事,是换上工作服当小工,同建筑工人一起砍高粱、挖土、推车、和泥、盖房子。他和年轻人泥里水里干了几个月,大学生们见他这位洋博士干起活来那么卖力,都很钦佩;又见他那高大的身影,笨手笨脚地干泥瓦匠的活,很好笑,都开玩笑地称他为"熊",而不称他的职称的官衔。工地上车水马龙,科技人员们人人汗流浃背,日子一天天过去,一幢幢新的研究室和厂房拔地而起了。

在这以前,聂荣臻元帅代表中国政府到苏联签订了国防新技术协定。根据协定,苏联答应给中国提供一个原子弹教学模型。为陈列这个模型,他们做了许多准备工作,但派人到车站接了几次也未见到模型的踪影。

一天,二机部副部长刘杰把邓稼先找去说:"你要有思想准备;原子弹的理论设计要自己干。"不久,协议完全撕毁,苏联专家全部撤走了。

这是五十年代末的事。

"研制战略核武器,是中国人民和世界人民的利益所在,现在我们只能靠自己了!"他对年轻的大学生们说。他还这样鼓励周围的年轻人:"干我们这个工作,就要甘心当无名英雄,一没有名,二没有利,还要吃苦;做出的科学成果又不许发表论文。"

如果把原子弹比作一条龙,那么,搞原子弹的理论设计的先行工作就是"龙头"。按照当时一位领导人的说法是:"龙头"的三次方,也就是"龙头"的"龙头"的"龙头"。这件领先工作的好坏,关系到原子弹各种工程设计的成败。有史以来,中国人谁也没有造过原子弹,也就无所谓有什么权威。在国外严密封锁的情况下,邓稼先先读书,一面备课,一面讲。年轻人叫他邓老师,他说:"你们甭叫我邓老师,咱们一块干吧!"有时备课备到凌晨四点多,在办公室里睡二三个小时,天亮了继续工作。每天晚上,大学生们都聚集到办公室里看书,邓稼先这时虽然有爱人,有孩子,但别人学习到几点,他也工作到几点。夜深了,他骑着自行车在年轻人的护送下回家,这时用铁丝网围着的宿舍大门早已经关了,常常是他先爬过铁丝网,年轻人把自行车递过去。回到家里,爱人上夜班去了,孩子睡在楼道上……在那些日子里,他把全部精力都用在工作上,一天到晚晕乎乎的,走在路上还想着原子弹,有一次竟连人带车掉到沟里。他忘我地工作,以致在周围的人们中流传着不少关于他的"笑话",一天,因为突击工作到夜晚,他对一位同志说:"走,到我家吃饭吧!"吃饭的时候,客人发现面条变成了面糊糊。原来孩子用生水把面条下到锅里了。

"对不起,这是我孩子做的。"邓稼先抱歉地说。原来他的妻子也是一心扑在工作上,家里只有孩子做饭。十一二岁的小学生,就已经承担了做饭等的全部家务劳动了。

序二

平时，他在工作中从不给人下命令，而是拍肩膀说："这件事可得靠你啦，好好干啊！"在那些日子里，他几乎每天都和大家加班加点工作到深夜。几个寒暑过去了。在邓稼先制订的工作计划中，没有星期天。他处处和年轻人打成一片，在生活上无微不至关心大家，但是，工作起来却常常是忘我的。只有到了每个星期天晚上的七点半，他才开口："行啦，今天就工作到这里吧，大家可以回去处理处理家务了。"

世上无难事。邓稼先他们日日夜夜含辛茹苦地工作到一九五九年就把我国第一颗原子弹的理论计算的轮廓勾出来了。在爆炸力学、中子输运、核反应、中子物理、高温高压下物质的性质等一系列关键问题上，各种数据都搞得扎扎实实，其中哪怕是一个细小的疑点，他们都不放过。当时，我国还没有大型电子计算机。有一次，为了把一个问题弄个水落石出，他带领十几个年轻人一天三班倒，用四台手摇计算机日夜连轴转地算了九次。这样过细地工作，他们还不放心，又请理论物理学家周光召等人从物理概念出发进行估计，结果证明邓稼先等人得出的数据是正确可靠的。

……

一九六四年十月十六日下午三时，蓦的一声巨响，浩瀚的戈壁滩上冉冉升起了烈焰翻滚的蘑菇状烟云。这震撼世界的惊雷向人们宣告：中国人任人欺凌的时代结束了！

事后，国外一位华人记者曾经写了这样一番话，他说："当中国第一次原子试爆成功的新闻传到海外时，中国人的惊喜和自豪是无法形容的。在海外中国人的眼中，那菌状爆炸是怒放的中华民族的精神花朵。那从报纸、广播传出的新闻，是用彩笔写在万里云天上的万金家书。"

那怒放的中华民族精神的花朵，正是邓稼先教授和千千万万的普通中国人栽培的；那万里云天上的万金家书，正是像他这样一大批默默无闻的无名英雄用热血和汗水书写的。

"这里就是战场，我不能走！"

第一颗原子弹爆炸成功之后，邓稼先激动的心情还没有平静下来，一件难度更大的工作又落在了他和其他科技人员们的肩上——研制氢弹。

又是一件需要付出艰巨劳动的工作。他作为组织研制氢弹的理论设计负责人，遇到的困难可想而知。一九六五年冬，氢弹研制工作进入了紧要关头。有天深夜，警卫员还站在计算机房的门口。有人问他为什么不去睡觉，他说要"保护老邓"。

"今天晚上他肯定不回去了，我们保护他，你去睡吧。"果然，这天晚上邓稼先又在机房里待了一宵，直到算出结果才离开。他，就是这样，夜以继日地连轴转，有时睡在机房的地板上，有时守在工厂的加工机器旁，经常是"把心提到嗓子眼上"，和他的同伴们度过了一次又一次成功或是失败，生或是死的难关。尤其是他担任了核武器研究设计院院长之后，对我国战略核武器事业的发展，就更是身先士卒，勇担风险呕心沥血了。

核武器技术是超级大国绝对保密的，没有可能通过引进、交流等渠道搞来，即使有多少外汇在手也是买不到的。在国内艰苦困难的条件下，中国人要想用自己的智慧和双手掌握这些技术，除了党和国家给予必要的支持外，邓稼先等人作为直接参加研制工作的科学家，付出了一般人难以想象的巨大代价。

"在研制氢弹和新的战略核武器的过程中，作为一位组织者和参加者，他是立下了汗马功劳的！"邓稼先的同伴们异口同声地说。他们说，每一次新的战略核武器的重大突破，每一次里程碑式的试验的成功，都是和邓稼先的名字连在一起的。在特种材料加工的车间里，在爆轰物理实验场和风雪弥漫的荒原上,一年到头,他风尘仆仆地四处奔波,哪里有困难到哪里去,哪个岗位的工作最危险他出现在哪里。

有一天午夜以后,他已经睡下了,远处的核材料加工车间突然来电话说,一个关键部件加工发生了问题。他放下电话,二话没说,穿着拖鞋坐上车就出发了。当时,他已是近六十岁的人了。在漆黑的深夜里,汽车在高山峡谷之中崎岖不平的险路上奔驰了三个多小时,快天亮时才到达目的地。下了车,他一刻也没有休息,就直奔加工核材料的车间,正在带病工作的工人见院长这样不辞辛苦地连夜赶来现场,精神上得到了很大安慰。邓稼先和工人们一起研究,问题很快迎刃而解。

他作为科技人员的带头人、院长,关键时刻亲临现场,一句话,一个动作,对被他领导的人们来说都是难忘的、温暖的。核装置的各种零部件都研制出来了,总装工作就要开始了,大厅里鸦雀无声,科技人员们走进来就要各就各位着手装配了。邓稼先把一位科技人员的手握了一下,"呀,你的手这么凉。来,我给你暖和暖和。"说着把他的手揣到自己怀里,"不要慌,时间还来得及!"他在各种危险的场合出现,科技人员们都明白,他的心意是不言而喻的:"万一出了问题,咱们死在一起!"

科技人员们工作起来都牢记着邓稼先的话:"秤杆不能没有准心!在我们这里,没有小问题,任何一件小事都是大事,任何一个小问题,假如解决不好,都会酿成大祸。"因此,在工作中他总是反复地问大家:"还有什么问题没有?"哪怕是一个细小的隐患,都不肯放过。

有一天,在试验基地准备放置核装置的厂房里,一位科技人员在检查准备吊核装置的吊车时,按电钮后发现吊车落下时闪出了一个电火花。这时已是早上五点多钟,加班工作到深夜的邓稼先刚睡下不久,他听说后,立即赶到了现场,可是,无论怎样试验,电火花始终未再出现。他决定成立个专业组,把问题查个水落石出。那位科技人员见院长这样认真、严肃，劲头更足了，把有关的记录找来，一项一项地检查谁来过，动了什么，从凌晨五点钟一直查到下午四点多，直到查清了原因才罢休。

冬去春来，年复一年，他带领奋战在核试验研究第一线的科技人员忘我地工作，过了整整十年的单身生活。失败的风险，成功的欢乐，大戈壁的风霜刀剑，染白了他的鬓发，在他的脸上刻下了深深的皱纹。谁能想到，一次巨大的成功，竟险些使他承受不住而兴奋地倒了下去。

这是一次地下核试验。马上就要开始了，试验场上千军万马在等待着庄严的"零"时的到来。核装置徐徐下井了，各种测试仪器一齐开动，紧张地监测着各种数据是否正常，装置下到深处的时候，突然有个信号测不到了。

"怎么办呢？"科技人员们回到帐篷里商量来商量去，有人主张把核装置从井里提上来再拉回厂房查清原因；有的认为这样做太危险，主张就地解决问题后继续下井。大家从夜里十二点钟一直讨论到天亮，最后邓稼先比较了各方面意见，决定在现场采取妥善办法。他跟科技人员们来到井口附近，和大家一起研究解决。戈壁滩上风沙呼啸，寒风刺骨，是零下三十多摄氏度呢！有人见他实在太疲倦了，劝他说："邓院长，你回去吧！"

邓稼先严肃地拒绝说："不，这里就是战场，我不能走！"

故障排除后，他才和大家一起离开了现场。试验成功之后，开庆祝会的时候，他由于过度紧张劳累，再加上几天吃不好饭，兴奋得只喝了一小杯酒，竟当场晕倒了。在场的人赶紧扶他躺下，一量血压竟是零。

"邓院长！邓院长……"人们呼唤着，他仍然昏迷不醒，医生整整抢救了一夜，邓稼先才睁开了眼睛……

苏醒后，他问的第一件事是：核爆的测试结果如何？各种数据都拿到了没有？他呀，仍然不肯休息，又投入了紧张的工作中。

耿耿报国心

在中国已经进行的三十二次核试验中,邓稼先亲自在现场指挥试验队工作的就有十五次。在这期间,他常常是下了火车上飞机,有时来不及吃饭,从食堂里带上两个馒头就匆匆上路了。有一年,一个月之内,他从工厂到试验现场,在几千公里的范围内就往返了两次!常常是下了飞机就工作,一天只睡三四个小时,甚至通宵达旦。有时刚刚睡下,电话铃一响,穿起衣服就走。

长年累月的紧张工作,使他的健康状况愈来愈差,而他全然不顾,以致多次在试验现场昏晕过去。一九八四年冬天,一次核试验前,他从帐篷里往试验场去,步履艰难地在雪地上走着走着,忽然走不动了,对前面走的两位科技人员说:"你们架我一下,架我一下!"说完,就气喘吁吁地趴在了两个科技人员的肩上。原来,在这之前他天天都在拉肚子,又患有低血糖病。虚脱了,吃几块糖,喝口水,又接着工作。

氢弹原理突破的时候,一次次核试验成功的时候,他像小孩一样高兴得跳起来。每逢这时,他都是笑容满面地从口袋里掏出香烟和糖果:"今天我请客!"如果条件允许的话,他还请大家吃一顿呢。

可是,邓稼先对自己的要求却是十分严格的。人们说,作为一位著名科学家和领导干部,他的女儿在内蒙古插队,是最后一个回来的;多年来,他每次从试验研究基地回北京总是自己掏钱买一张公共汽车票,外出办事常常是乘坐公共汽车。有一次,他去医院看望住院的妻子,回家的路上下起了大雨,他没有带雨具,下了公共汽车回到家里,人们见他全身都淋湿了,问他为什么不叫专为他配备的小汽车?他说:"我是个共产党员,不能因为个人的事情搞特殊化。"

一九八四年一月下旬,一次核试验前,邓稼先带领几位科技人员到北京汇报工作,只有两天多时间他就要再飞到试验现场去。当时正赶上飞机票涨价。当他听说前后舱差四十元钱时，特别嘱咐要给他买后舱的票。他说："能给国家节省一点就节省一点吧！"

"老邓，就凭你的水平和资历，你完全可以把日子过得舒坦一点，到国内国外名胜地方转转，讲讲学，观观光。为什么选择了这样一条路，甘心在如此艰苦的岗位上奋斗呢？"在杭州开会时一位工程师问他。

"是啊，西湖多么美呀！我这一生仿佛头一次来杭州，想不到这里这么美。到处转转，当然好。但是，一个人总要多为人民干点事嘛！"他望着西湖迷人的景色回答。

游览岳坟的时候，他特意站到镌刻着"精忠报国"四个大字的石碑前，神情激动地请求同志们："来，请给我在这里照张相！"……

这就是邓稼先！一个把自己的一生献给祖国的人，一个用生命谱写"精忠报国"新曲的人！

中国的知识分子是值得中华民族骄傲的。因为有千千万万个邓稼先，他们不求名，不求利，而是默默无闻地苦斗着，为了中华的振兴！

顾迈南

◎ 本文转载自《瞭望》周刊1986年第25期。

目录 CONTENTS

怀念 "但愿人长久 千里共同途"

- 邓稼先 / 003
- 深切怀念邓稼先同志 / 012
- 十年，我们时刻怀念 / 015
- 回忆邓稼先 / 020
- 永远的良师益友 / 043
- 邓稼先的几个故事 / 047
- 痛悼我国杰出的核科学家邓稼先同志 / 053

思念 "稼先为此许其身 七洲五洋晴空碧"

- 周年怀念 / 057
- 谢杨振宁先生为稼先扫墓 / 058
- 生命最后一段时光 / 060
- 隐姓埋名的爸爸 / 085
- 我的姑爹邓稼先 / 097

追忆 "踏遍戈壁共草原""群力奋战君当先"

- 怀念邓稼先同志 / 103
- 邓稼先与书 / 109
- 未完成交响曲 / 113
- 邓院长一抓到底 / 132
- 亦师亦友邓稼先 / 135
- 党员的风范，科学家的榜样 / 139
- 记忆中的邓稼先 / 145
- 邓稼先三下上海 / 148
- 邓稼先与"黄金瓜" / 151
- 一名科研战友的怀念 / 154
- 球友：邓稼先院长 / 163
- 我和邓院长零距离 / 171
- 院长来到我们中间 / 174
- 仅乘坐过一次的"专车" / 177
- 长相思·痛悼邓稼先院长 / 182
- 喝火令·悼邓稼先 / 183
- 怀念"两弹"元勋邓稼先院长 / 184

敬仰 "二十年来勇攀后 二代轻舟已过桥"

- 炮火中的大学生涯 / 189
- 能"享""受"的人 / 198
- 为国奉献简朴生活 / 205
- 一次失败的空投核试验 / 211
- "这份建议书比你我的命都重要" / 215
- 邓稼先真实的28年 / 218

附录　邓稼先年表 / 235

后记 / 249

怀念

"但愿人长久　千里共同途"

怀念 "但愿人长久 千里共同途"

邓稼先

⊙ 杨振宁

> 《人民日报》编者按：1993年7月29日，是邓稼先同志逝世7周年。著名物理学家、诺贝尔奖获得者杨振宁教授的这篇文章，是一位科学家写的科学家评传。杨先生和邓稼先同志是中学同学、大学同学，在美留学期间又是同学。他自己说是"50年的友谊，亲如兄弟"。这方面的情节，其他报刊介绍过。此文珍贵处是杨先生从科技发展史的高度，将同他有长期交往、所知甚深的中国、美国两位原子弹设计的领导人做了对比评述，既高且深，又亲切可读。从杨振宁教授的回忆文章，可以进一步了解邓稼先同志的才能、风格、思想和为人。

从"任人宰割"到站起来了

100年以前，甲午战争和八国联军侵华的时候，恐怕是中华民族5000年历史上最黑暗最悲惨的时候。只举1898年为例：

德国强占山东胶州湾，"租借"99年。
俄国强占辽宁旅顺大连，"租借"25年。
法国强占广东广州湾，"租借"99年。

英国强占山东威海卫与香港新界。前者"租借"25年,后者"租借"99年。

那是任人宰割的时代,是有亡国灭种的危险的时代。

今天,一个世纪以后,中国人站起来了。

这是千千万万人努力的结果,是许许多多可歌可泣的英雄人物创造出来的,在20世纪人类历史上可能是最重要的,影响最深远的巨大转变。

对这巨大转变作出了巨大贡献的有一位长期以来鲜为人知的科学家:邓稼先(1924—1986)。

两弹元勋

邓稼先于1924年出生在安徽省怀宁县。在北平上小学和中学以后,于1945年自昆明西南联大毕业。1948年到1950年,在美国普渡大学读理论物理,得到博士学位后立即乘船回国,1950年10月,到中国科学院工作。1958年8月,被任命带领几十个大学毕业生开始研究原子弹制造的理论。

这以后28年间,邓稼先始终站在中国原子武器设计制造和研究的第一线,领导许多学者和技术人员,成功地设计了中国的原子弹和氢弹,把中华民族国防自卫武器引导到了世界先进水平:

1964年10月16日,中国爆炸了第一颗原子弹。

1967年6月17日,中国爆炸了第一颗氢弹。

这些日子是中华民族5000年历史上的重要日子,是中华民族完全摆脱任人宰割时代的新生日子!

1967年以后,邓稼先继续他的工作,至死不懈,对国防武器作出了许多新的巨大贡献。

1985年8月,邓稼先做了切除直肠癌的手术。次年3月,又做了第二次手术。在这期间他和于敏联合署名写了一份关于中华人民共和国核武器发展的建议书。1986年5月,邓稼先再做了第三次手术,7月29日,因全身大出血而逝世。

"鞠躬尽瘁,死而后已。"正好准确地描述了他的一生。

邓稼先是中华民族核武器事业的奠基人和开拓者。张爱萍将军称他为"两弹元勋",他是当之无愧的。

邓稼先与奥本海默

1936年到1937年,稼先和我在北平崇德中学同学一年。后来抗战时期在西南联大我们又是同学。以后他在美国留学的两年期间我们曾住同屋,50年的友谊,亲如兄弟。

1949年到1966年,我在普林斯顿高等学术研究所工作,前后17年的时间里所长都是物理学家奥本海默(Oppenheimer,1904—1967)。当时他是美国家喻户晓的人物,因为他曾成功地领导战时美国的原子弹制造工作。高等学术研究所是一个很小的研究所,物理教授最多的时候只有5个人,包括奥本海默,所以他和我很熟识。

奥本海默和邓稼先分别是美国和中国原子弹设计的领导人,各是两国的功臣,可是他们的性格和为人截然不同——甚至可以说他们走向了两个相反的极端。

奥本海默是一个拔尖的人物,锋芒毕露。他二十几岁的时候在德国哥廷根镇做玻恩(Born,1882—1970)的学生。玻恩在他晚年所写的自传中说研究生奥本海默,常常在别人做学术报告时(包括玻恩做学术报告时),打断报告,走上讲台拿起粉笔说:"这可以用底下的办法做得更好……"我认识奥本海默时他已40多岁了,已经是家喻户晓的人物了,打断别人的报告,使演讲者难堪的事仍然不时出现,不过比起以前要较少出现一些。

奥本海默的演讲十分吸引人。他善于辞令，听者往往会着迷。1964年，为了庆祝他60岁的生日，3位同事和我编辑了一期《近代物理评论》，在前言中我们写道：

他的文章不可以速读。它们包容了优雅的风格和节奏。它们描述了近世科学时代人类所面临的多种复杂的问题，详尽而奥妙。

像他的文章一样，奥本海默是一个复杂的人。佩服他、仰慕他的人很多。不喜欢他的人也不少。

邓稼先则是一个最不引人注目的人物。和他谈话几分钟就看出他是忠厚平实的人。他真诚坦白，从不骄人。他没有小心眼儿，一生喜欢"纯"字所代表的品格。在我所认识的知识分子当中，包括中国人和外国人，他是最有中国农民的朴实气质的人。

▲ 2017年3月，杨振宁在四川梓潼两弹城凝望邓稼先铜像。　　刘岚摄

怀念 "但愿人长久 千里共同途"

　　我想邓稼先的气质和品格是他所以能成功地领导许许多多各阶层工作者为中华民族作了历史性贡献的原因：人们知道他没有私心，人们绝对相信他。

　　"文革"初期他所在的研究院（九院①）成立了两派群众组织，对吵对打，和当时全国其他单位一样。而邓稼先竟有能力说服两派继续工作，于1967年6月成功地制成了氢弹。

　　1971年，在他和他的同事们被"四人帮"批判围攻的时候，如果别人去工宣队、军宣队讲理，恐怕要出惨案。邓稼先去了，竟能说服工宣队、军宣队的队员。这是真正的奇迹。

　　邓稼先是中国几千年传统文化所孕育出来的有最高奉献精神的儿子。

　　邓稼先是中国共产党的理想党员。

　　我以为邓稼先如果是美国人，不可能成功地领导美国原子弹工程；奥本海默如果是中国人，也不可能成功地领导中国原子弹工程。当初选聘他们的人，钱三强和葛若夫斯（Groves），可谓真正有知人之明，而且对中国社会、美国社会各有深入的认识。

民族感情？友情？

　　1971年我第一次访问中华人民共和国。在北京见到阔别了22年的稼先。在那以前，于1964年中国原子弹试爆以后，美国报章上就已经再三提到稼先是此事业的重要领导人。与此同时还有一些谣言说，1948年3月

---

　　① 九院，全称中国工程物理研究院。1958年1月8日，中央决定成立第三机械工业部九局（同年2月改称二机部九局），10月10日，二机部党组决定成立北京第九研究所。1964年2月，九局、九所机构撤销，改名为"二机部第九研究设计院"（开始简称九院）。1985年1月30日，九院开始对外使用"中国工程物理研究院"名称。

去了中国的寒春①曾参与中国原子弹工程。

1971年8月在北京我看到稼先时避免问他的工作地点。他自己说"在外地工作",我就没有再问。但我曾问他,是不是寒春曾参加中国原子弹工作,像美国谣言所说的那样。他说他觉得没有,他会再去证实一下然后告诉我。

1971年8月16日,在我离开上海经巴黎回美国的前夕,上海市领导人在上海大厦请我吃饭。席中有人送一封信给我,是稼先写的,说他已证实了,中国原子武器工程中除了最早于1959年底以前曾得到苏联的极少"援助"以外,没有任何外国人参加。

此封短短的信给了我极大的感情震荡。一时热泪盈眶,不得不起身去洗手间整容。事后我追想为什么会有那样大的感情震荡,为了民族的自豪?为了稼先而感到骄傲?——我始终想不清楚。

"我不能走"

青海、新疆、神秘的古罗布泊、马革裹尸的战场。不知道稼先有没有想起我们在昆明时一起背诵的吊古战场文:

浩浩乎!平沙无垠,敻不见人。河水萦带,群山纠纷。黯兮惨悴,风悲日曛。蓬断草枯,凛若霜晨,鸟飞不下,兽铤亡群。亭长告余曰:"此古战场也!常覆三军。往往鬼哭,天阴则闻!"

稼先在蓬断草枯的沙漠中埋葬同事、埋葬下属的时候不知是什么心情?

"粗估"参数的时候,要有物理直觉;筹划昼夜不断的计算时,要

---

① 原名 Joan Hinton,曾于40年代初在洛斯阿拉莫斯(Los Alamos)武器试验室做费米(Fermi)的助手,参加了美国原子弹的制造,那时她是年轻的研究生。

有数学见地；决定方案时，要有勇进的胆识，又要有稳健的判断。可是理论是否够准确永远是一个问题。不知稼先在关键性的方案上签字的时候，手有没有颤抖？戈壁滩上常常风沙呼啸，气温往往在零下30多度。核武器试验时大大小小的临时的问题必层出不穷。稼先虽有"福将"之称，意外总是不能免的。1982年，他做了核武器研究院院长以后，一次井下突然有一个信号测不到了，大家十分焦虑，人们劝他回去。他只说了一句话：我不能走。

假如有一天哪位导演要摄制邓稼先传，我要向他建议背景音乐采用五四时代的一首歌，我儿时从父亲口中学到的。

▲ 中国男儿曲谱。

我父亲诞生于1896年,那是中华民族仍陷于任人宰割的时代。他一生都喜欢这首歌曲。

永恒的骄傲

稼先逝世以后,在我写给他夫人许鹿希的电报与书信中有下面几段话:

——稼先为人忠诚纯正,是我最敬爱的挚友。他的无私的精神与巨大的贡献是你的也是我的永恒的骄傲。

——稼先去世的消息使我想起了他和我半个世纪的友情,我知道我将永远珍惜这些记忆。希望你在此沉痛的日子里多从长远的历史角度去看稼先和你的一生,只有真正永恒的才是有价值的。

——邓稼先的一生是有方向、有意识地前进的。没有彷徨,没有矛盾。

——是的,如果稼先再次选择他的途径的话,他仍会走他已走过的道路。这是他的性格与品质。能这样估价自己一生的人不多,我们应为稼先庆幸!

后　　记

许多人说我的这篇文章写得很好。我想原因是邓稼先的贡献和他的精神确能动天地泣鬼神。

2006年夏,翁帆和我有机会去青海旅行。去了神奇的青海湖,也去了半小时车程即到达的湖东北的原子城。那是稼先他们于20世纪60年代工作的地方。好多年来这黯兮惨悴、风悲日曛的荒漠,地下的砂粒，空中的飞鸟，和烈日照耀下的苍黄色的远山，我都曾梦见。到了现场，现实比想象还要凄凉。

为了保密，每个试验区、工作区，都距离很远，有一两公里。我们参观了一个试爆实验室——一座堡垒样的建筑，水泥墙，没有窗户。试爆在堡垒外二三十尺的地方进行，堡垒的铁墙里嵌藏着各种测试器。堡垒内有七八间工作室，里面展示了一些当时的仪表和发电机等，都显得很原始粗糙。也展示了稼先、周光召和于敏等人的大照片，都是那么年轻！他们就曾在这堡垒里，在阴暗的灯光下，用计算尺一次一次地，年复一年地计算爆炸的细节。

从而改写了中华民族的历史。

 杨振宁

  诺贝尔物理学奖获得者。中国科学院院士，国际公认的二十世纪最有成就的科学家之一，清华大学高等研究院创办人，南开大学理论物理研究室创办人，现任清华大学物理系教授，香港中文大学博文讲座教授，并被多家大学聘为客座教授。

○ 原载《二十一世纪》双月1993年6月号，总第17期，中国文化研究所，香港中文大学。

《人民日报》1993年8月21日全文刊登，并加了编者按。

本文转载自杨振宁著，翁帆编译《曙光集》，生活·读书·新知三联书店，2018年9月第一版。

深切怀念邓稼先同志

⊙ 王淦昌

我和邓稼先同志共事二十多年,他无私忘我的工作精神,直爽、豁达的性格,一丝不苟的学风,以及高尚的品德,给我留下了深刻的印象。

稼先同志办事认真,他经常告诫科研人员要把周恩来总理的教导铭记在心上,做到"严肃认真,周到细致,稳妥可靠,万无一失"。一次,有位同志做实验,测试数据处理得比较粗糙。稼先同志对此很生气,要他重做。稼先语重心长地向这位同志解释,数据准确度不高,勉强用上,将会给工程造成的严重后果,使这位同志心悦诚服,提高了责任心,又重新测量取得了精确的数据。稼先同志的严格要求和模范行动,使得研究院上下形成了良好的工作作风。

稼先同志是一位出色的核物理学家,但他非常重视实验技术和每一项测试结果。为了得到第一手的资料,他舍生忘死,不畏艰险。一次,为了证实中子管发射出了中子,他冒着损伤眼睛的危险,亲自观察发射产生的特征火花现象。在一次实验出现异常时,他临危不惧,不顾同志们的劝阻,奋不顾身地率领几个同志,赶往危险地方,找到出事点,收集一手资料。同志们都说:"有老邓领头,我们还怕什么!"

稼先同志担任院的领导职务后,更加身先士卒,既当指挥员,又当战斗员。他善于听取群众意见,稳重、果断,颇有大将风度。产品总装插雷管,是最危险的工作,他却每次都亲自到现场。他的行动给操作人员以极大的鼓舞。在一次大试验中,一个意外的难题迫使快要就绪的准备工作停了下来,若处理不妥,将导致整个试验的失败。这时,各部门间不同的意见在激烈争论着。不明真相的人在不安地问发生了什么事,老邓微微一笑说:"一点小问题,很快会解决。"为了稳定军心,他违心地说了谎。实际上,担任总指挥的邓稼先比谁都着急。但他克制着自己,耐心认真地听取各方面的意见,同大家仔细分析,权衡得失,最后,他承担了全部的责任,果断地作出了处置决定。由于他细致的工作,实验圆满成功。然而试验结束后回到宿舍,稼先同志却瘫倒在床上,血压压差降到了最低点。稼先同志忘我的工作精神、沉着冷静的风度,被大家传为佳话。

在我任近代物理研究所副所长时,稼先同志是所长秘书。当时我很看不惯一个同志粗鲁的性格。稼先同志却劝我说:"他是一个工农子弟,肯干,好学,本质很好。"事实证明稼先同志是正确的。此事给我以深刻的教育:看人要看本质。

稼先同志长期单身在基地,一心扑在事业上,时常工作到深夜二三点。尽管他生活的自理能力较差,起居饮食有很多不便,但他处之泰然,从没有半点怨言。

1973年,他出差回来,途中只有一人陪他去看在内蒙古插队的女儿。那个偏远的地方要先乘火车,再坐牛车。同伴风趣地对他说:"平时您坐小汽车,警卫、秘书跟随,今天坐了牛车,觉得怎么样?"稼先同志也很风趣地回答:"很舒服,很自由。"他在女儿所在的生产队里住了一个星期,白天女儿照常上班,晚上父女俩才能谈上一会儿。这里的食宿条件很差,但稼先没向生产队提一点特殊的要求。他是最疼爱女儿的,但他的女儿却是研究院干部子女中最后一个调回城的。凭稼先同志的地位,社会关系，要想把女儿调回城是很容易的事，但他没有这样做。

稼先对周围同志的困难却总是挂在心上。一位同志的岳母从外地来京，生病住院有困难，他立即想方设法，托人将病人送进了医院。他关心别人胜过关心自己，他毫不利己、专门利人的事迹被人们所传颂。

稼先的工作，稼先的为人，可称是我们行动的楷模。研究院的人谁都敬重他，爱戴他，称赞他是"大好人"，是一个高尚的人，一个纯粹的人，一个有道德的人，一个脱离了低级趣味的人，一个有益于人民的人。

稼先同志不为名，不为利，默默无闻地为祖国奋斗了一生。他的事迹鲜为人知。如今想来，更觉他的高尚，更加深切地怀念他。他的逝世无疑是我国科技界的一大损失。我们要化悲痛为力量，学习稼先同志的高尚品德，为我国的科技事业作出应有的贡献。

 王淦昌

江苏常熟人。中共党员、九三学社社员。中国科学院院士，核物理学家。

1929年毕业于清华大学物理系。1930年赴德国柏林大学留学，获博士学位。1934年回国。王淦昌是中国核武器研制的主要科学技术领导人之一，指导并参加了中国原子弹、氢弹研制工作，指导了中国第一次地下核试验，领导并具体组织了中国第二、第三次地下核试验。他积极促成建立了高功率激光物理联合实验室并一直指导惯性约束核聚变的研究，是中国惯性约束核聚变研究的奠基者。1986年与王大珩、杨嘉墀、陈芳允联名提出发展高技术的建议（863计划）。

1982年获国家自然科学奖一等奖。1985年获国家科技进步奖特等奖两项。1999年被追授"两弹一星功勋奖章"。

十年，我们时刻怀念

——纪念邓稼先院士逝世十周年

⊙ 于　敏　胡仁宇　胡思得

被誉为"两弹元勋"的中国工程物理研究院（原核总九院，简称中物院）的老院长、中国科学院院士邓稼先同志离开我们已经十年了。十年来，他那无私奉献、一心扑在事业上的崇高形象；他那平易近人、和蔼可亲、至诚团结、豁达谦逊的风度时刻萦绕在我们心中。这十年，他生前非常关心并亲自注入巨大心血的几项重大科学难题与技术关键，正按照预定的目标实现了突破和发展。他那深谋远虑的建议，被中央和上级领导所采纳，正在按计划顺利实施，并不断取得圆满成功。大批年轻的科技工作者，正在他为之奋斗过的事业中茁壮成长。

十年前，已身患重病的稼先以他高度的政治敏锐性和深厚的业务功底，通过对核大国当时发展水平和军控动向的深刻分析，认为核大国设计技术水平已经接近理论极限，不需要进行更多的发展。因此有可能出于政治上的需要，改变它们先前坚持的主张，作出目的在于限制别人发展、维持其优势地位的决策。核大国这种举动，对他们自己已不会有什么重要影响，而对于正处在发展关键阶段的我国，则会带来非常严重的后果。

▲ 1984年10月,邓稼先和于敏在九所展厅。　　　　　　　　　　九所提供

十年之前,我们的事业正处于十分关键、十分敏感的发展阶段,如果一旦受到干扰和迟滞,哪怕是丝毫的犹豫和动摇,就会丧失时机,将对国家造成不可弥补的巨大损失。稼先决心在有生之日,把这些判断告诉领导。他不顾重病缠身,亲自组织研究讨论,起草给上级领导的报告,申述意见和建议。在这份报告中,客观地分析了各国技术发展水平和军控谈判的动态,分析了我国所处的发展阶段以及与国外的差距,提出了争取时机,加快步伐的战略建议以及需要集中力量攻克的主要目标,并且非常详细地列出了达到这些目标的具体途径和措施。

这是一份既凝聚着稼先和他的同事们的心血和爱国热情,又十分客观、科学的建议书。上报之后,立即得到中央和上级领导的赞同,并及时采取果断有效的对策和措施。稼先去世后,他的继任者们,始终是围绕着这份建议书的精神在贯彻、执行,并且将其化作了全院职工的意志和行动。

十年来的形势变化,完全证实了建议书的正确性。每当我们在既定目标下,越过核大国布下的障碍,夺得一个又一个的胜利时,无不从心底钦佩稼先的卓越远见。

使我们永远不能忘怀的是,在起草这份重要报告时,稼先已经知道癌症恶魔缠身,自己就要走到生命的尽头了。所以他决心争分夺秒来完成这一任务。那些日子,他几乎是和生命赛跑,他以高度的责任感和事业心,以超人的顽强意志在病榻上思索、工作。他忍着化疗带来的痛苦,艰难地对报告作一字一句的推敲、修改;抢在大手术之前,还满满地写了二页纸,提出了报告的内容还要作哪些调整,最后如何润笔,报告应送哪里等。

当他用颤颤巍巍的手最终在报告上签完自己的名字之后,脸上露出了欣慰的微笑。他完成了饱含着满腔心血的生命绝唱,完成了他为党和人民作出的最后贡献。

稼先对于我院的研究领域向新的高科技方向开拓作出了重要贡献。1985年,我国"863"高科技发展计划正处于形成的前夕,人们已清楚地认识到国家综合国力的提高,必须依靠科技的发展,特别是处于发展前沿的高科技,对今后国民经济以及国防建设将发挥巨大作用。稼先和他的同事,领会中央和科工委领导对我院的期望,深感我院未来的发展方向必须尽快从原来单一从事国防尖端研制任务向高新科技领域拓宽,还要利用已经积累起来的经验和技术手段,为研制先进常规武器作出贡献。在院内研讨这件事时,稼先一再强调一定要集中精力抓几件对国民经济和科学技术发展能起较大作用的事,指出这既是九院对国家应尽的义务,也是我院事业发展的需要,而且是提高科技队伍素质的需要。在确定了院里今后在高科技和先进常规武器的几个重要研究方向之后,稼先亲自点将，抽调得力人员主抓这方面的研制工作，并且迅速组织队伍，开展工作。

十年来，我院已成为"863"计划中两个主题的依托单位，与中国科学院和有关高校合作，在这些主题领域如自由电子激光，X光激光和激光惯性约束聚变研究等方面都取得了可喜的进展和成果。

在研制先进常规武器方面，我们发扬在研制核武器时形成的理论与实践密切结合的科研传统，充分发挥数值模拟、实验条件和设计能力的优势，积极开展起点高、难度大的先进常规武器的研制，改进和提高在役武器的性能，取得的成果，受到使用部门的赞许，有的已达到国际先进水平。

稼先逝世后，他的夫人许鹿希将稼先获得的国家科技进步奖特等奖的奖金，全部捐献给院里，以此设立了"邓稼先青年科技奖"，旨在鼓励我院的青年人学习稼先的崇高品质，为我院事业多作贡献。当时这笔奖金数额很小，但它在青年科技人员心目中是一份神圣的殊荣。前不久，中央电视台播放的电视专题片《热血丰碑》中有这样一个镜头，记者问一位获奖年轻人，对获奖有何感想？年轻人回答说，感到非常光荣、珍贵和自豪！记者又问，奖金是多少？这位获奖者爽朗地回答"400元"。数额之低，显然使记者吃惊。我们从报纸上获悉，这个镜头也使许多观众受到感动。这就是在邓稼先精神培育下，新一代正在从事国防科技事业的年轻人向国人展示的风采。

1994年，邓稼先荣获"求是"奖人民币100万元。许鹿希女士又捐巨款设立"九院邓稼先科技奖励基金"，重奖在不断创新、努力探索、勇攀高峰中取得优异成绩的我院科技人员。

十年来，我院的事业取得了巨大的进展。现在，我们又面临着新的挑战，面临着新的艰巨任务。稼先的精神常在，它将时刻激励九院人在攀登新的科技高峰中从胜利走向新的更加辉煌的胜利。

怀念 "但愿人长久 千里共同途"

 于　敏

　　中共党员，著名理论物理学家。1960年底开始从事核武器理论研究，1965年调入二机部第九研究所（九院前身），历任理论部副主任、理论研究所所长、中国工程物理研究院科技委副主任、中物院副院长、中物院高级科学顾问等职。

　　于敏是我国核武器研究和国防高技术发展的杰出领军人物之一。他在我国氢弹原理突破中解决了一系列基础问题，提出了从原理、材料到构形基本完整的设想，起了关键作用。1982年获国家自然科学奖一等奖，1985年、1987年和1989年三次获国家科技进步奖特等奖，1985年获全国"五一劳动奖章"，1987年获全国劳动模范称号，1999年获得"两弹一星功勋奖章"，2015年获2014年度国家最高科学技术奖和"第五届全国敬业奉献模范"称号，2018年被授予改革先锋称号和"国防科技事业改革发展的重要推动者"称号，2019年被授予"共和国勋章"。2015年入选"感动中国2014年度十大人物"。

 胡仁宇

　　中国工程物理研究院高级科学顾问。我国著名实验核物理专家，在核爆近区测量某高难度技术方案的审定和实施过程中发挥重要作用。获国家自然科学奖一等奖、国家发明奖二等奖，两次获国家科技进步奖特等奖，两次被评为国家级有突出贡献中青年专家。1991年当选为中国科学院学部委员（院士）。2019年9月25日被授予"最美奋斗者"称号。

 胡思得

　　核物理学家，浙江省宁波市人。1958年毕业于上海复旦大学物理系理论物理专业。毕业后一直在二机部九院（现在的中国工程物理研究院）工作，从事核武器的理论研究和设计。历任研究室副主任、副所长、副院长、院长、院学术委员会主任。1995年当选为中国工程院院士。

　　　　　　　　　　　　○　本文转载自《光明日报》，1996年7月22日。

回忆邓稼先

⊙ 葛康同　胡思得

一、民族屈辱，立志报国

在安徽省怀宁县白麟坂，二百多年前建有清代书法篆刻大家邓石如的宅第。因友人赠其四方铁砚，遂以此为自己的书斋名，这里从此便叫作铁砚山房。1924年6月25日，邓石如的六世孙，邓稼先便诞生在铁砚山房里。

邓稼先在呱呱坠地八个月之后，便由母亲把他从老家带到了北京（当时叫北平），这时，父亲邓以蛰早已学成归国任清华大学教授了。他五岁开始上小学。课余，父亲还要他去读《左传》《论语》《诗经》《尔雅》。因此，邓稼先从小就受到中国传统文化的熏陶。

1935年邓稼先考入志成中学，初二转到崇德中学。崇德注重英语，他童年时得益于父亲的教导，这时可以说是百尺竿头更进一步。在数学、物理方面，又有比他高两班的同学杨振宁的帮助，这就引起了他对理科的兴趣，尤其喜欢数学。

就在邓稼先对人生和社会开始有自己的认识的时候，碰上了震惊中外的"七七"事变。日寇的入侵打乱了他平静的读书生活，强烈的民族屈辱感刺伤了他少年纯洁的心。这以后,除读书之外,他开始和一些同学聚会,谈论国家的命运和前途。1937年以后日军统治下的北平,中国百姓受尽了屈辱。日本军部规定,凡是中国老百姓从日本哨兵面前走过,都要向其鞠躬行礼。如果这样做,中国人的民族尊严不就被一扫而光了吗?血气方刚的邓稼先,对此怒火满腔。他宁肯绕道走很多冤枉路,也不去干这种事情。他有自己的人格,而人的尊严绝不能让别人任意玷污。

从此以后,年轻的邓稼先在两条道路上迅跑,一方面仇恨日寇,热爱中华;另一方面认真读书,刻苦用功。邓稼先读的书籍越多,思想就越活跃,常常和一群思想激进的同学一起议论天下大事。邓以蛰教授对此感到欣慰,但也有一种担心。后来,父母担心的事终于发生了。那时候,日军每占领我国一个城市,总要逼着市民和学生开会游行庆祝他们的胜利。这是最激怒中国老百姓的时候。对此,人们敢怒而不敢言,而民族仇恨总是因此与日俱增。有一次又开这样的会了,在会后,邓稼先胸中的一腔仇恨怒火般升腾,他三把两把就把手里的纸旗扯碎,这还不解气,他又把撕碎的旗子扔在地上狠狠地踩一脚。狗腿子发现有人扔小旗子,学生们立时一哄而散,坏蛋没能看清谁扔的。校长是邓教授的朋友,后来他知道是邓稼先干的,便来到邓宅。校长说:"邓先生,稼先的事早晚会被人密报的,这样下去怕是太危险了,想个办法赶快让他走吧!"形势到了这一步,已经没有别的办法可想,家里只好让大姐邓仲先带着稼先到大后方昆明去。

行期到了,难熬的时刻。一家六口人,父母亲对姐弟二人有许多叮嘱,到后来那些话都忘记了,只有一句话邓稼先是记得牢牢的。父亲坐在一把老式木椅子上,以从未有过的眼光看着邓稼先,语调很平和、坚决。他说:"稼儿,以后你一定要学科学,不要像我这样,不要学文。学科学对国家有用。"父亲是凭着个人的生活经验,表达了自己的爱国愿望。这几句普通的话，是和邓稼先心中的潜在意识相合拍的，所以，他一下子就印在脑子里了。

到了大后方，邓稼先去四川江津，插班入国立九中高三。毕业后，到重庆去考大学。一天，他走到临江的山路上，正遇到日军飞机轰炸。他眼见无数炸弹落到对岸的屋群里，房屋塌作一堆，大火升腾。头顶上呼啸而过的敌机像是一头发疯的野兽。地面上没有任何还击或抵抗，任其肆虐。他和路人都面对大江，将自己的身体紧紧地贴靠山石。忽然，一颗炸弹在离他们很近的江面炸开。如果再偏过来一点，他们就都完了。他终于明白，大后方竟是这样的不安全。一个弱国，饱受欺凌，是没有平安日子可言的。

二、在西南联大和北京大学物理系

1941年，邓稼先在昆明进入由北大、清华和南开三校合并的国立西南联合大学，学号是A4795。西南联大是当时我国的最高学府，它不仅名师荟萃，而且对学生的学习要求十分严格，就连写阿拉伯数字的斜度多少都有要求，那真是一丝不苟的。

抗日战争时物质条件极差，同学们吃着带沙子的饭，还不能保证吃饱。土墙茅草顶的学生宿舍透风又进雨，每间大屋住40个人，睡双层木板床。从潮湿土地长出的小草，碰到专心做功课同学的脚背。教室的房顶多是铁皮的，每逢急雨骤来，犹如乱鼓重锤，老师讲课的声音就听不见了。那时敌机经常轰炸昆明，为躲空袭只好停课。不过，在这种恶劣环境里，居然培养出一批又一批出类拔萃的人才、中华民族的脊梁。

邓稼先比高中时期更加用功了。除了读参考书之外，他还背牛津英文字典，为了学得扎实些，他肯用笨功夫。他还挤时间和杨振宁一起站在校舍东墙根旁背古诗。以此来增加知识面和陶冶情操。

在读书同时,邓稼先非常关心国家大事。西南联大学生自治会在1944年发表了宣言,其中有:"民主在昂扬,历史在前进,祖国在危难中,同胞在水火里。"这些话给了他极深的印象。20岁前后的稼先,世界观正逐步完成一种飞跃。他本是一个纯朴的、读书上进的爱国青年,完成这种飞跃的起始动力,仍然是爱国主义精神。

1946年夏,邓稼先受聘任北京大学物理系助教,回到了阔别六年的北平。

三、到美国研读核物理

1947年邓稼先通过了赴美研究生考试,1948年秋,受父亲的好友杨武之教授之托,他与杨振宁的弟弟杨振平结伴,漂洋过海到美国去。在船上,邓稼先想起临来美国前,一位对他思想帮助很大的同志袁永厚说过的话:"新中国的诞生不会是很遥远的事情了,天快亮了!"好友要他留在北平迎接解放。但是邓稼先明确地回答袁永厚说:"将来祖国建设需要人才,我学成一定回来。"这位在关键时刻往往极有远见的青年,果断地决定走适合自己特点的路来为祖国服务。1948年10月,他进入美国印第安纳州的普渡大学(Purdue University)研究生院,读物理系。普渡大学当时已有72年历史,水平很高。

邓稼先选择了核物理,并且以《氘核的光致蜕变》《The photo-disintegration of the deuteron》作为自己的博士论文题目。他的导师荷兰人德尔哈尔(Ter Harr)是搞核物理研究的,所以邓稼先当然很自然地也做了核物理方面的研究。在发现同位素氘十六七年之后,做光致蜕变的研究,这是很吸引人同时也是很难的课题。但是邓稼先在导师的指导下,夜以继日,只用了一年零十一个月的时间,便读满了学分并完成了论文，顺利通过答辩，获得了博士学位。时值1950年8月20日。

在取得学位后，这位只有26岁的物理学博士，立刻准备行装回国，虽然在此以前他曾面临新的选择。因为德尔哈尔教授有意带他到英国去继续深入研究。邓稼先根据自己了解的一些情况和新中国成立之后他对国际形势发展的判断，特别是1950年6月朝鲜战争爆发，觉得必须尽快行动，他怕夜长梦多，所以在拿到博士学位后第九天（1950年8月29日）就登上威尔逊总统号轮船归国了。

金秋时节，威尔逊总统号驶抵香港，他们最后在广州聚集，回到了祖国母亲的怀抱。

四、在原子能研究所的八年

邓稼先又回北京了，被安排到中国科学院原子能研究所，他在这里工作了八年。这八年，是邓稼先成年以后最平稳轻松幸福的时期。如果说1958年后参加原子弹研制，是他在事业上的腾飞，这一段就是腾飞前在跑道上的滑行。新中国刚刚诞生不久，原子核物理在我国还是一块空白。邓稼先在彭桓武教授的领导下与年轻的伙伴合作，发表了一些论文，为我国原子核理论研究作了开拓性的工作。

1953年，邓稼先29周岁的时候和许鹿希女士结婚。许鹿希是五四运动中著名学生领袖许德珩教授的长女，比邓稼先小四岁，她毕业于北京医学院，专长神经解剖学。早在新中国成立前邓稼先在北大任助教的时候，就给当时在北京大学医学院读书的许鹿希上过物理课。除了师生关系以外，邓稼先的父亲邓以蛰教授和许鹿希的父亲许德珩教授又是相识几十年的老朋友，两家是世交。一切都很自然地发展下去了。他们的主婚人是中国科学院副院长吴有训教授。

五、国家要放个大炮仗

在长达一百多年的时间里，中华民族曾历尽磨难。新中国成立后，仍然受到帝国主义的武力威胁，包括核武器的威胁。严酷的现实使中国最高决策者意识到，中国要生存、要发展，也必须拥有自己的核武器，铸造自己的利剑和盾牌。1955年1月，党中央审时度势，高瞻远瞩，作出了创建核工业、研制核武器的战略决策，并决定由周恩来总理亲自组织实施。1956年4月25日，毛泽东主席在《论十大关系》讲话中进一步指出："我们不但要有更多的飞机大炮，而且要有原子弹。在今天的世界上，我们要不受人家欺负，就不能没有这个东西。"

国家需要选出优秀的科技人员来领导研制原子弹的工作。经钱三强推荐并得到二机部、中科院主要领导人的同意，首选的第一个人就是原子能研究所的邓稼先。

邓稼先34岁这一年，在他的人生道路上发生了一次重大转折。国家形势的需要直接决定了邓稼先今后的命运。

一天，二机部副部长兼原子能所所长钱三强教授把邓稼先找去了。钱所长问道："稼先同志，国家要放一个大炮仗，调你去做这项工作，怎样？""大炮仗？"邓稼先马上明白这是原子弹，心里咯噔一下。一时他来不及细想，接着便半是自言自语地说："我能行吗？"

钱三强副部长慢慢地把工作的意义和工作任务艰巨告诉他，一向机灵的邓稼先很快就懂了。不过，担任这项工作给自己的后半生带来什么变化，他一时想不清楚。但是他合乎领导的估计，服从了组织的调动。

入夜，邓稼先告诉妻子说："我要调动工作了。"他用坚定而自信的语气说："我的生命就献给未来的工作了。做好了这件事，我这一生就过得很有意义，就是为它死了也值得。"

邓稼先明白，搞原子弹研制工作，就必须从此隐姓埋名，不能发表学术论文，不能公开作报告，不能出国，不能和某些朋友随便交往。不能说自己在什么地方，更不能说在干什么。上不告父母，下不告妻子儿女，这种秘密工作的禁忌实在太多。对于这一切，邓稼先明白，虽然在情感上会有一点被束缚的感觉，但更有一股巨大的精神力量在支撑着他，这就是现在他在报效祖国的途径上，走向了一条宽广的大道。新中国需要原子弹以壮国威，他能参加到这个国家最需要的工作行列，自己就有了最广阔的用武之地，真的为她死了也是值得的。他对于祖国和人民的信任感到极其光荣。党的信任对于人们在精神上的鼓舞力量是强于一切的。

但是，这副担子毕竟太沉重了。他有从事原子核物理研究的经历，在原理方面不算外行，但原理和武器之间，相差十万八千里。他怕砸了锅，无法向党向人民交代。

邓稼先终于以高涨的热情和信心到二机部报到。他愉快地迎接对他来说有极大吸引力的新工作，这是他的品格和终生的追求所决定的。立志报效国家，就是邓稼先的一切。

六、中国原子弹理论设计的总负责人

曾经担任二机部副部长和我国第一颗原子弹塔爆试验副总指挥的刘西尧同志在一篇回忆文章中提到理论部好比龙头的三次方。文章说："这个比喻，即核武器的龙头在二机部，二机部的龙头又在核武器研究院（九院），研究院的龙头又在理论设计部（简称理论部），即邓稼先他们所在的单位。"邓稼先自1958年8月调到二机部九院以来，就担任理论部的主任，他就是中国原子弹理论设计的总负责人。

起初，在1958年时邓稼先只领导着28个新毕业的大学生，他们的平均年龄不超出23岁。虽然后来又调入了王淦昌、彭桓武、郭永怀等高水平的资深科学家，但是数量上显然少于当年的美国。由于核武器属于军事绝密，中国原子弹的研制者在工作中几乎无可借鉴。

1959年6月中苏关系彻底破裂，正是这时候刘杰副部长告诉他今后一切都要靠我们自己干。1959年7月，周恩来总理向宋任穷传达中央决策："自己动手，从头摸起，准备用八年时间搞出原子弹。"当时原子弹在中国的研究的确是从"零"开始。邓稼先首先要选准研制原子弹的主攻方向，这是头等重要的事。他选定了中子物理、流体力学和高温高压下的物质性质这三方面作为主攻方向，这是原子弹理论设计的三个桥头堡。

根据三个方向攻关的需要，理论部年轻的科研人员编为状态方程组与力学组，中子物理组和数学组。研究工作开始了入门补课阶段。起初，邓稼先亲自讲课，有些知识对他来说也是生疏的，只能是他先学一步，边学边讲。就这样，邓稼先带领年轻人读完了柯朗写的《超音速流和冲击波》、戴维森写的《中子输运理论》、泽尔陀维奇写的《爆震原理》以及格拉斯顿写的《原子核反应堆理论纲要》。

当时的条件极差，这些书并不是人手一本，他们的办法是手刻蜡纸自己油印。读书的方法是大家读，大家讲，每一章节都有一个人做重点发言，等于是一个小教员。邓稼先在讲课中，有时突然说："朱建士，你来讲讲稀疏波问题。"或是："胡思得，你来讲讲状态方程。"就在相互启发式的学习和讨论中，逐渐了解和掌握了设计原子弹的一些基本知识，并且形成了一些奇妙的思路。

邓稼先全面掌握着三个组，并且要分身参加各组的讨论，给予指导。此外，他还亲自领导状态方程组。在原子弹的动作过程中，原子弹中的各种材料会经受很高的压力和温度。像铀等核材料的状态方程在当时是严格保密的，不可能在杂志文献上找到；而国内当时还没有实验条件，邓稼先他们只能自己搞出这个方程来。

他们从已经公开发表的其他金属材料的低压区状态方程中，发现了一种规律，从而推出了核材料铀在低压区的状态方程。用修正的托马斯–费米理论来推导出铀在高温高压下的状态方程，并且巧妙地与低压状态方程连接，得出了相当大区域之内完整的状态方程，满足了原子弹理论设计的要求。

从1960年开始，邓稼先领着这些年轻人踏上突破原子弹原理的征途。当时仅有的资料只是苏联专家向二机部领导讲解原定提供给我国的原子弹教学模型时记录下来的一些数据。为了熟悉和掌握设计技术，邓稼先带领一批刚毕业的大学生，对这一模型进行了复算。计算的工具起初只是几台手摇式的计算器，后来也只是几台半自动、自动式的计算器。由于计算方法和公式都得靠自己从头摸索，复算过程中，发生了有一处计算结果与苏联专家介绍不符的情况。专家们和青年人经常围在一起讨论出现差异的原因，首先当然还是怀疑自己在计算中有什么环节出了毛病。物理学家、力学家、数学家从各自熟悉的专业角度对结果进行审议，提出不同的分析和疑问。青年人则尽量详细地解释自己计算结果的正确性和合理性。辩论经常进行得很激烈，有时甚至争得面红耳赤，每个人的智慧和创造性都被高度激发出来。这种讨论有时要持续好几天。最后在提出一些改进条件之后，决定再进行新的一轮计算。这样的过程一共进行了九次。

最后，周光召从理论上论证了苏联专家给出的数据肯定是错了，从而结束了这场历时几个月的迷惑——这算得上是中国核武器研究历史上的开局战役。

九次计算，他们每算一遍要有几万个网点，每个网点要解五六个方程式。计算的草稿纸，一扎扎一捆捆地放入麻袋中，从地板堆到天花板，堆满了一房间。九次计算的收获极大，使中国的科学家终于摸清了原子弹内爆过程的物理规律和诸多作用因素的交互影响。为理论设计奠定了基础，为核设计培养、锻炼了人才，更重要的是坚定了自力更生搞原子弹的信心。二机部宋任穷部长鼓励他们说："你们干得不错，没有被困难吓倒。"

从1958年到1960年这两年，邓稼先他们为原子弹的理论设计做了技术准备，业务上积累了经验，同时也培养了干部。这就为上级决策启动原子弹正式理论设计提供了依据。因此，上级要求在两年内掌握关键的技术原理，基本完成了原子弹的理论设计。

七、出色的组织者，沉着的领导人

邓稼先在科学家的气质外又添了一样东西，就是领导者的作风。邓稼先为人随和，很容易和群众打成一片，与人相处从来没有身份上的等级感。他和同志们相处非常大方。别人到他那里去开会，就要翻他的衣袋找好烟抽，翻他的抽屉找糖和点心吃。他以同志们跟他不见外为极大的精神安慰。

依靠领导、依靠助手、依靠骨干、依靠群众，这是邓稼先工作中的重要特点。在长期工作中，邓稼先得到院领导人李觉、郭英会、吴际霖、朱光亚等同志的大力支持。另一方面，他又充分发挥了理论部副主任周光召、于敏、黄祖洽、秦元勋、周毓麟、何桂莲、江泽培等同志的作用。同时还紧密依靠技术骨干和群众的力量。因而在他那里形成了一个团结协作战斗力很强的集体，出色地完成了组织上交给他一次又一次的艰巨任务。他的老同事杜祥琬在怀念他的诗中说："手挽左右成集体，尊上爱下好中坚。"便是对这一点非常生动的写照。

除了团结协作之外，高度的责任感和无私的奉献精神，是他做好组织领导工作更为重要的素质。他担任九院领导后，工作范围超出了理论设计，他总是在关键时刻出现在关键岗位上。核试验时，给核装置插雷管，是一件很关键的动作，要求操作员特别小心谨慎，邓稼先经常无言地站在操作者的身后，稳住人心。

邓稼先处理问题时十分沉着，十分细致，从不轻易放过。邓稼先常常对人说："在我们这里没有小问题，任何一件小事都是大事情。小问题如果解决不好，就会酿成大祸。"有一次，一位工作人员在检查传送核装置的吊车时，发现有一个电火花，这时是凌晨五点，邓稼先干了一夜刚躺下，知道消息后立即赶到现场。他仔细地听取情况汇报，一项一项地核对记录，一直核对到下午四点，找到了产生电火花的原因，消除了隐患。又有一次地下核试验临近之前，井下突然有一个信号测不到了，人们十分焦急，邓稼先心里也十分着急。他和大家一起来到井口，这里的气温是零下三十多度，茫茫的戈壁滩上风沙呼啸。人们劝他回去，他只说了一句："我不能走。"一直待到事故排除。

八、连续作战，攻克氢弹

在1964年5月和1965年1月，毛泽东主席在谈到核武器发展的问题时，明确指出：原子弹要有，氢弹也要快。根据二机部领导刘杰、钱三强的安排，黄祖洽、于敏领导一批科技工作者，早在1960年底已在中科院原子能所进行氢弹原理探索。

1963年9月，第一颗原子弹理论设计完成后，聂荣臻元帅下令让邓稼先领导的九院理论部中研制原子弹的一部分人员，转去承担中国第一颗氢弹的理论设计任务。以后，在1965年，又从中科院原子能所调进了于敏等一批科研骨干力量，到九院理论部来共同工作。

理论部主任邓稼先等组织科技人员总结前一阶段的研究工作，制定了突破氢弹原理的工作大纲。理论部的人员,兵分几路,分解课题,多方探索。提出设想、辩论,又提出新的设想,又辩论,无数次反复,努力寻找最好的方案。这个氢弹技术途径大讨论,不只是在九院理论部,全院广大科技人员都在进行。大家七嘴八舌,气氛十分活跃,群众集体智慧撞击的火花,激发了专家的灵感。大讨论中提出的各种设想,经过科学家分析处理,取其合理的内涵,并巧妙联结,在关键的环节上做些补充,逐步形成了氢弹物理过程的雏形。

在彭桓武、朱光亚领导下,邓稼先安排他的三位得力副手黄祖洽、于敏、周光召,兵分三路进行探索。几路人马分头到计算机上去实际运算研制氢弹的可能途径。

其中有一路队伍由邓稼先的老伙伴、理论部副主任于敏率领,在1965年9月去上海,利用那里的高性能计算机进行计算和探索。在于敏的指导下,科技工作者终于见到了一束智慧之光,这束光指点着可能通向研制氢弹的捷径。于敏马上通知了正在全面掌握着各路进程的邓稼先。对邓稼先来说,这是一个使人心跳加快的消息。他立即带了一帮人飞往上海。一到上海,没顾上休息,邓稼先和于敏带着他们的助手在计算所就投入了紧张的连轴转的工作。晚上,他们多是在机房地板上和衣而卧,有时是通宵不眠。这向来是这些"不要命"的科学家们的工作习惯。他们要攻克科学上的一道道难关,没有这种精神是不可想象的,后来邓稼先组织理论部反复讨论,集思广益,终于形成了一个有充分论据、比较完善的氢弹方案。不久又进行的几次冷试验,证明了这个方案的正确。1966年12月底氢弹原理试验成功,1967年6月17日爆炸成功了我国的第一颗氢弹。

而这个时候,距离我国第一颗原子弹爆炸成功仅仅两年零八个月(1964年10月至1967年6月)。中华人民共和国又创造了一个奇迹:从制成原子弹到制成氢弹的时间间隔比世界上其他核大国要短得多。

在此期间,"文化大革命"已经开始。邓稼先的妻子许鹿希当时是大学教师兼系党总支书记,在劫难逃。他们14岁的女儿邓志典到内蒙古建设兵团,孤身"出塞"了。读小学的儿子邓志平住在爷爷家里。他一家四口人,分别待在四个地方。不能说这些事不分他的神,不过,邓稼先仍然专心研制氢弹。这是他的事业、他精神上的支撑,是压在他心上更沉重的更有分量的东西。

后来,中国国防的重要基地也没有了安定的工作环境。人们成立了群众组织,分成几派互相吵、对打。研制氢弹要做的各种工作都因此而停顿下来。邓稼先,这个曾被看作书呆子的科学家,在复杂环境下显示出他的才略,他挺身出来说服对立的两派群众组织携起手来为制造氢弹出力。他告诉大家:"要加快速度,我国的第一颗氢弹要抢在法国人之前爆炸!这是周总理同意的。"他的游说工作能有效果,还因为他在群众中,在科技人员、干部和工人中都有很好的"人缘",群众信服他,尊敬他。在混乱中,人们动手干起科研来了,这同样是一个奇迹。没有亲身经历过"文革"的派性对立环境的人,很难体会到对立的、无休止地叫骂的两派,能在科研工作上配合起来一块儿干是多么困难的事。

1971年夏天,邓稼先等人的处境越来越险恶了。事有凑巧,就在这个时候邓稼先的老朋友杨振宁从美国经巴黎飞抵上海,首次回国探亲访问。下飞机后,他写出了朋友名单,在北京要见的第一个人就是邓稼先。名单上报中央,邓稼先立即被周总理召回北京见客。

九、二代轻舟已过桥

邓稼先在生命的最后几年,醉心于二代核武器的研究。二代核武器比起第一代核武器来,在性能上有质的飞跃。为此,邓稼先耗尽了他全

怀念 "但愿人长久 千里共同途"

部的精力,也在事业上攀登了新的高峰。

那时,邓稼先高兴地写了一首七律来表达自己的心情:

红云冲天照九霄,千钧核力动地摇。
二十年来勇攀后,二代轻舟已过桥。①

▲ 1984年10月16日,纪念我国第一颗原子弹爆炸成功20周年之际,邓稼先提笔赋诗一首。
九所提供

---

① 注:此诗写于1984年10月16日。

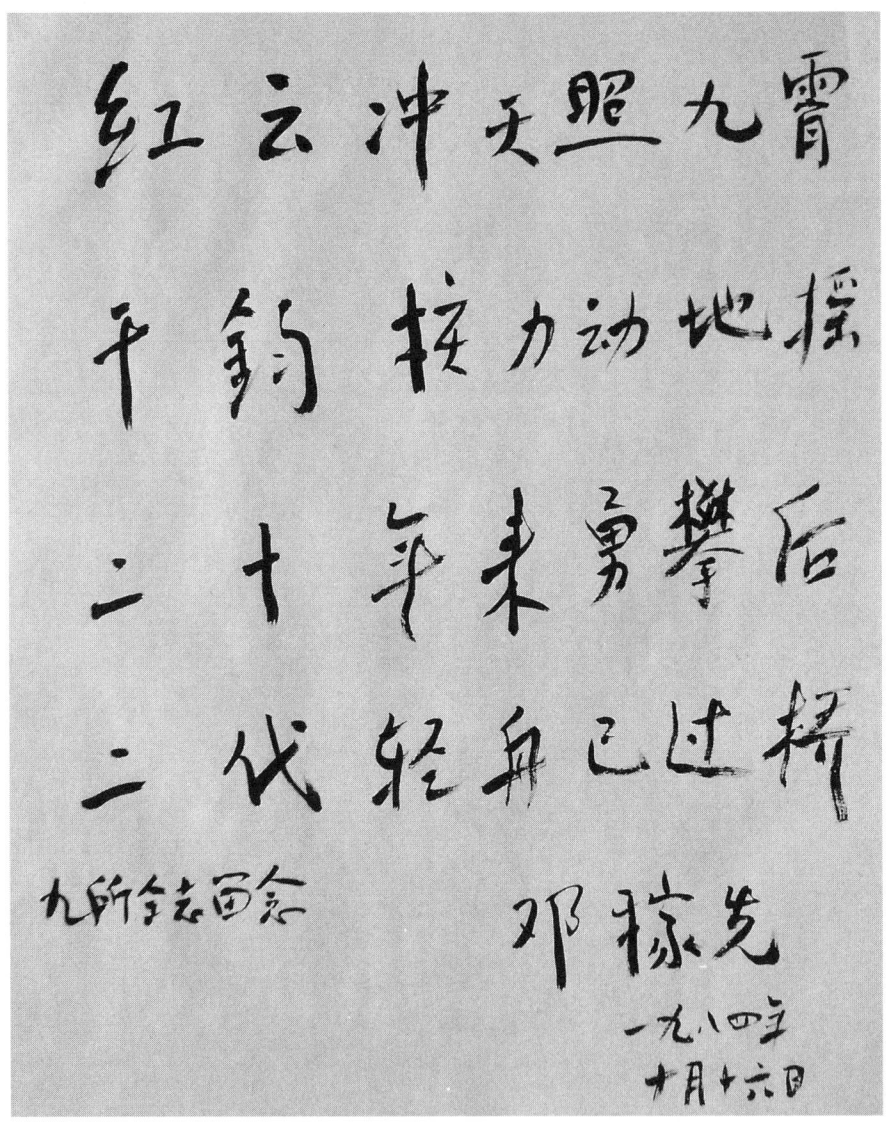

▲ 1984年10月16日，邓稼先手书七律诗一首。　　　　　九所提供

"但愿人长久　千里共同途"

刘西尧副部长写过一首诗，赞扬邓稼先在二代核武器研究中作出的贡献。原文如下：

二十年前春雷响，今朝聚会盼新雷。
喜闻戈壁传捷报，敬贺老邓立新功。

在他1986年辞世之后，我国政府仍然为第二代核武器试验成功，给予邓稼先两次国家科学技术进步奖的特等奖，每项奖金人民币1000元。他的家属把奖金捐赠给九院，设立了"邓稼先青年科技奖"。

1999年7月15日，我国第一次公开宣布：中国早在80年代就掌握了中子弹设计技术。1984年底，邓稼先参加了突破中子弹原理的核试验，这也是他最后一次出现在核试验场地，距离邓稼先辞世仅有一年半时间。他此时身体极度虚弱，按道理说无论如何也应该好好休息一下了。但是他认为这是一次新型原理性的核试验，他必须去。

任务要求很紧，邓稼先很快便像往常一样忙着安排工作，检查工作。他从驻地往试验场地走去，步履艰难，有时只好要求一起走的两个人架自己一下，气喘吁吁地到达目的地。

进行核试验的那一天，他和于敏、陈能宽、高潮等坐在指挥车里，守候在试验场地的前沿。核试验的爆炸声响过不久，胡仁宇乘坐的吉普车开过来了。

"那个尖尖有没有？"邓稼先和于敏他们几个人同时高喊。

"有，有，尖得很高，很清楚。"胡仁宇把照相底片高举在手中，使劲地摇晃着。

他们接过底片一看，高兴得简直要跳起来了，尖尖很高，核试验成功了！

邓稼先的这一新功很不一般，这是他一生事业上的又一座里程碑。

邓稼先带着第二代核武器伸手可及的喜悦，与罗布泊永别了。

十、以身许国，威壮河山

在20世纪70年代的一次核试验中，倒计时之后，天空没有出现蘑菇云。核弹哪里去了？知道出事故的人都非常揪心，当时还不知道是降落伞的问题导致核试验失败。邓稼先决定亲自去察看现场。许多同志都反对他去，国防科委主任陈彬同志阻拦他，出语是非常感人的。他说："老邓，你不能去，你的命比我的值钱。"邓稼先听后心中激动不已。但他没有听从好心同志的劝阻，想道："这事我不去谁去？"立即上了吉普车，到了发生事故的地区。邓稼先弯着腰一步一步地走，目光四处扫视，边走边找。终于，他看到了碎弹片！碎片告诉他没有发生核爆，他立即放心了，向赵敬璞副部长说："平安无事。"几天之后，邓稼先回北京住进医院做检查，结果是：他的尿里有很强的放射性，几乎所有的化验指标都是不正常的。

1985年8月10日，邓稼先因患直肠癌，做大手术。早晨，年已75岁的张爱萍将军来到医院，守候在手术室外五个小时，直到手术做完。术后的病理诊断是："肿瘤的病理性质是恶性程度较大的低分化、浸润性腺癌。癌症属中期偏晚，已有淋巴结及周围组织转移。预后不良。"

1986年3月之后，癌细胞转移肾上明显加快，疼痛剧烈，邓稼先预感到生命给自己留下的日子已经不多了。他不止一次地对许鹿希说："我有两件事必须做完，那一份建议书和那一本书。"他翻着堆在床头桌上的两尺多高的书籍和资料，不断给九院领导打电话，谈工作。在病房中，他和同志们反复商讨，并请于敏一起在1986年4月2日联合署名，写成了一份给中央的关于我国核武器发展的极为重要的建议书。这是为

怀念 "但愿人长久 千里共同途"

中国领导人作重要决策提供的参考材料。写建议书时他开始做化疗,向血管内点滴药水,一次治疗要好几个小时,他只能躺着或靠坐着,边做治疗边看材料。坐在身旁的许鹿希不断轻轻地给他擦拭满头的虚汗。他在1986年3月14日给同事的一张条子上写道:"我今天第一次打化疗,打完后人挺不舒服的。"

病房实际上成了他的办公室,在两次治疗中的空隙,他常常是坐在橡皮圈上伏案修改。靠着毅力忍受病痛的折磨,他终于改完了建议书的稿子。这是一个临近人生终点的科学家对祖国的最后牵挂。

1986年7月15日,万里到医院看望邓稼先的时候,告诉他国务院决定将全国劳动模范称号授予他,这是"七五"计划期间的第一个全国劳模。两天后,李鹏副总理来到病房授予他全国劳模的奖章和证书。

邓稼先服了加倍的止痛药,吃力地表达了他对党和国家的谢意,诚

▲ 1986年7月17日,李鹏副总理到301医院给邓稼先授予全国劳模奖章。　邓志平摄

恳地说出了他一贯的最真实的看法。他说："核武器事业是成千上万人的努力才能取得成功的。我只不过做了一部分应该做的工作，只能做一个代表而已。"李鹏对他说："党和国家非常感谢你这几十年来在核工业、核武器方面作出的贡献。您说得也对，这个事业当然是千百万人的事业。但是，我们也充分地评价您在这个核武器事业中作出的贡献。"

他只是一个代表，但是，他是一个十分杰出的代表。

下面是邓稼先这次讲话稿的全文：

"昨天，万里代总理到医院看望我，今天，李鹏副总理亲临医院授予全国劳动模范称号，我感到万分激动。核武器事业是要成千上万人的努力才能成功，我只不过做了一小部分应该做的工作，只能作为一个代表而已。但党和国家就给我这样的荣誉，这足以证明党和国家对尖端事业的重视。回想解放前，我国连较简单的物理仪器都造不出来，哪里敢想造尖端武器。只有在共产党领导下解放了全国，这样才能使科学蓬勃地开展起来。敬爱的周总理亲自领导并主持中央专门委员会，才能集中全国的精锐来搞尖端事业。陈毅副总理说，搞出原子弹，外交上说话就有力量。邓小平同志说，你们大胆去搞，搞对了是你们的，搞错了是我中央书记处的。聂荣臻元帅、张爱萍等领导同志也亲临现场主持试验，这足以说明核武器事业完全是在党的领导下取得的。我今天虽然患病，但我要顽强地和病痛作斗争，争取早日恢复健康，早日做些力所能及的科研工作，不辜负党对于我的希望。谢谢大家。"

1986年7月29日，邓稼先终因全身大出血而与世长辞。

在1986年时任国防部长、国务委员、中央军委副秘书长的张爱萍将军是邓稼先的老领导，前后共事达二十多年。他得知邓稼先逝世的消息后，悲痛不已。7月29日当天即写词悼念，全文如下：

踏遍戈壁共草原，二十五年前。连克千重关，群力奋战君当先，捷音频年传。蔑视核讹诈，华夏创新篇。君视名利如粪土，许身国威壮河山。哀君早辞世，功勋泽人间。

1986年秋天，中央军委让八一电影制片厂摄制了《两弹元勋邓稼先》的纪录片。同时，张爱萍将军亲自题写了片名。影片在1987年建军60周年时，全国公开放映。

1994年10月21日，邓稼先铜像在他曾经工作过的地方——四川绵阳落成。国务委员宋健专程去为塑像揭幕。此后，人们常常采撷草花到铜像前纪念他。

▲ 邓稼先祭日，九所共青团组织青年给邓稼先铜像敬献鲜花。　　　　侯艺兵摄

邓稼先的挚友杨振宁为他写了一篇既高且深、又亲切可读的《邓稼先评传》。评语有："稼先为人忠诚纯正，是我最敬爱的挚友。他的无私的精神与巨大的贡献，是你的也是我的永恒的骄傲。""稼先去世的消息使我想起了他和我半个世纪的友情。我知道我将永远珍惜这些记忆。希望你在此沉痛的日子里多从长远的历史角度去看稼先和你的一生，只有真正永恒的才是有价值的。"

1999年9月18日，在人民大会堂，中共中央、国务院、中央军委追授邓稼先"两弹一星功勋奖章"。江泽民总书记在讲话中评价"两弹一星"成就时指出："这是中国人民在攀登现代科技高峰的征途中，创造的非凡的人间奇迹。"

十一、一份建议，十年辉煌

上文中邓稼先在病房中完成的任务建议书，是一份非常重要的文件，涉及我国核武器事业战略决策的大事，直接关系到我国的国家安全和国际地位，关系到中华人民共和国在国际事务中的发言权，事情至关重要。

十年之后，九院三位领导和院士：于敏、胡仁宇、胡思得，联名在1996年7月22日的光明日报上发表了一篇文章，题目是：《十年，我们时刻怀念》，副标题是《纪念邓稼先院士逝世十周年》。文章简明扼要地提到了这份建议书的内容、作用及其深远的意义。文字不多，但分量很重。

文章说："十年前，已身患重病的稼先以他高度的政治敏锐性和深厚的业务功底，通过对核大国当时发展水平和军控动向的深入的分析，认为核大国设计技术水平已经接近理论极限，不需要进行更多的发展。因此有可能出于政治上的需要，改变它们先前坚持的主张、作出目的在于限制别人发展、维持其优势地位的决策。"文章接着说:"核大国这种举动,对他们自己已不会有什么重要影响,而对于正处在发展关键阶段的我国,则会带来非常严重的后果。"

这一严峻的事实便是邓稼先向中央提建议书的由来。文章说:"十年之前,我们的事业正处于十分关键,十分敏感的发展阶段,如果一旦受到干扰和迟滞,就会丧失时机,产生稼先所指出的'多年努力,将功亏一篑'的严重后果,将对国家造成不可弥补的巨大损失。""严峻的形势,使邓稼先万分焦急。他不顾重病缠身,亲自组织研究讨论,起草给中央的报告,申述意见和建议。"

文章谈到了这份建议书具有超常价值的地方。它"提出了争取时机,加快步伐的战略建议以及需要集中力量攻克的主要目标,并且非常详细地列出达到这些目标的具体途径和措施。这是一份凝聚着稼先和他的同事们的心血和爱国热情,又十分客观、科学的建议书"。

文章说建议书"十分客观、科学",文章写道:"稼先去世后,他的继任者们,始终是围绕着这份建议书的精神在贯彻、执行。""这十年来他生前非常关心并注入巨大心血的几项重大科学难题与技术关键,正按照预定的目标实现了突破和发展,在为我国国防现代化建设服务。"

文章还对这份建议书作了非常明确的结论性的评价。文章说:"十年来的形势变化,完全证明了建议书的正确性。"

文章中回忆:"使我们永远不会忘怀的是:在起草这份重要报告时,稼先已经知道癌症恶魔缠身,自己就要走到生命的尽头了。那些日子,他几乎是和生命赛跑,他以高度的责任感和事业心,以超人的顽强意志在病榻上思索、工作。他忍着化疗带来的痛苦,艰难地对报告作一字一句的推敲、修改;抢在大手术之前,还满满地写了二页纸,提出了报告的内容还要作哪些调整。最后如何润笔,报告应送哪里等意见。"

文章满怀深情地回忆:"每当我们在既定目标下,越过核大国布下的障碍,夺得一个又一个的胜利时,无不从心底钦佩稼先的卓越远见。"

邓稼先逝世十年后的这一天,我国进行了核禁试前的最后一次核爆试验,以此使人们永远铭记邓稼先对我国核武器研制事业所作出的不可磨灭的贡献。

这次核爆试验成功的当天,我国政府立即发表声明。声明说:"1996年7月29日中国成功地进行了一次核试验。""中华人民共和国郑重宣布,从1996年7月30日起,中国开始暂停核试验。"

邓稼先以他对祖国的无限忠诚,强烈的民族责任感、无私的奉献精神和深厚的科学造诣,继原子弹、氢弹、第二代核武器之后,建造了他在事业上第四座里程碑。

 葛康同

北京一轻局党校原党委书记。邓稼先表弟。

◊ 本文转载自宋健主编《两弹一星元勋传》(上册),清华大学出版社,2001年4月第一版。

怀念　"但愿人长久　千里共同途"

永远的良师益友

——纪念邓稼先院长诞辰80周年

⊙ 胡思得

今年6月24日是我们敬爱的老院长邓稼先院士诞辰80周年纪念日。老邓为国家作出了巨大贡献，为我院事业做到鞠躬尽瘁。他不仅是核武器事业卓越的领导人，也是我们的良师益友。在他逝世十周年时，我和于敏、胡仁宇同志一起，合写了一篇纪念文章，叙述了老邓对核武器事业功绩；今天我想从日常工作和生活的角度，回忆几段往事，以寄托我对这位良师益友永远的怀念。

1958年我从上海复旦大学毕业后，分配到二机部九院工作，从此，我与国防尖端科研结下了不解之缘，也与老邓结下了深厚的友谊和感情。是他手把手地领我进入科学的大门，是他教我如何正确地投入到九院的集体，如何迅速地融化在这个集体中。在他的率领下，我们一起度过了创业初期艰难的岁月，经历了工作中很多困难和挫折，也共享了多次成功和胜利的喜悦。

我属于分配到九院工作的第一批大学生。我和朱建士、蔡蔚一起报到时，看到办公室里连老邓一共只有3个人。这一年一共来了十几个人，就构成了核武器研究所的理论室。由于保密的原因,他没有给我们讲工作性质,只交代读几本书。第一本要读的书就是库浪特和弗里特里希合著的《超声速流和冲击波》,当时全国只有一本俄文译本,是钱三强先生从苏联带回国的。我们就自己动手,把这本书打印出来,分发给大家学习。学完一章,老邓就组织讨论,有时他主讲,有时别人主讲,大家都可以七嘴八舌,真是一派互教互学、教学相长的景象。老邓亲自培育的这种气氛和稍后的"九次计算"大讨论,为九院学术民主风气的树立,开了一个好头。这一届大学生,外语水平普遍较低,阅读文献有较大困难。老邓的英语水平当然不在话下,经常帮大家解读难点,就是俄语,以他几个月速成班的优秀成绩和自学的努力,也给大家不少帮助和指导。

创业初期,工作、生活条件很差,开始,所里没有图书馆,几乎所有的文献资料和图书都得向科学院和大学的图书馆去借阅。我们刚来北京,人生地不熟,老邓就带着我们去各个图书馆,教我们如何查文献,如何办借阅手续,他还亲自去打通关系,允许我们可以进入书库自己去找书。

建院初期,生活条件很差,办公室和宿舍没有暖气。白天冻得实在无法工作学习下去,大家就到附近的副食店里火炉旁去取暖,等暖和一些后,继续回办公室工作。老邓是第一位来我院工作具有高级职称的科学家,但他的办公室和我们的一样的冷,冻得受不了时,他也和我们一起去取暖,偶尔还讲几句幽默的话把大家逗乐。看到老邓都如此乐观地对待艰苦,我们年轻人还说什么呢!

晚上,一般要工作到深夜才回宿舍。老邓家住北医家属区,有一次骑车回家,被人撞了一下,翻到路旁的水沟里。从此,我们几个年轻人就轮流在深夜陪他回家,还帮他翻越家属区外有铁丝网的木围栏,再把自行车递过去。

怀念 "但愿人长久　千里共同途"

1962年，第一颗原子弹的理论方案已接近完成，所里成立一个专门小组负责联系试验。这个小组由邓稼先和周光召亲自指导。我被任命为这个组的组长。为了理论上有充分的武装，老邓和光召分别给我们组吃"小灶"，每星期给我们讲课2~3次。我有将近4年多的时间在试验基地工作，使我有更多的机会深入试验和生产现场。在这期间，老邓和光召也经常来试验基地看望我们，给大家不少鼓励和业务上的指导。这些经历对于我们丰富和完善原子弹的公差设计和聚焦理论方面有很大帮助，也对后来克服由于武器小型化带来某一关键技术上出现的困难起了重要作用。

我们的科研工作不是一帆风顺的。在我主持设计一个小型化型号时，曾出过一个技术问题，其实只要认真总结经验是不难改进的。但当时处在"文化大革命"时期，整个实验基地笼罩在极不正常的政治气氛之中。军管会领导蓄意把技术问题变为政治问题，说是阶级斗争的新

▲ 20世纪60年代，邓稼先讲课。　　　　　　　　　　　　九所提供

动向，审查参与实验的人员中是否有"516"分子，为此还搞了"学习班"，把有关的科技人员集中起来，人人检查。

当时，老邓和于敏同志都被请进了"学习班"，他们首当其冲地受到巨大政治压力，军管领导逼着他们承认是政治问题而不是技术问题。这遭到了他们的坚决拒绝。他们这种大义凛然的态度，在当时的政治环境下，确实是难能可贵，给我们极大的教育和鼓舞，也免使科研工作走上歧途。对我个人来说，由于邓、于两位主动承担责任，使我减轻了不少压力。"学习班"结束之后，我随于敏同志参加实验工作队。大家在困难的条件下，终于澄清了技术问题，并且改进了设计方案。经过几轮爆轰实验的验证，最后顺利地完成了核试验的考核。

老邓给我印象深刻的故事很多很多。

他离开我们已经18年了，但是他作为我良师益友的形象，将永存在我心中。

◇ 本文转载自胡思得著《为国家安全而奋斗：胡思得院士文集》，原子能出版社，2018年11月第一版。

怀念 "但愿人长久　千里共同途"

邓稼先的几个故事

⊙ 杜祥琬

一、和平岁月未居安，一线奔波为核弹

新中国成立之初，邓稼先博士从美国回来，组织上和他谈话：去搞那个"大炮仗"怎么样？邓稼先知道，"大炮仗"就是原子弹，他毫不犹豫地回答"我愿以身许国"。这件事太重大了，当晚回到家里，夫人许鹿希大姐见他有心事的样子，就问他："你好像有什么心事？"邓稼先说："我要去执行一项重要任务"，许鹿希接着问："什么任务？"邓稼先回答："不能说，要去远处出差！"许鹿希又问："去什么地方？"邓稼先回答："不能说！"许鹿希接着问："我能给你写信吗？"邓稼先回答："恐怕不能！"……这样两人沉默了很久，邓稼先蹦出一句话："这件事很重要，就是为它死了也值得！"就这样，他开始了为核弹奔波的几十年。一开始，他是我们理论部的主任，后来改称"九所"，他是九所所长，我们在他手下工作。后来，他调任九院院长（现称中国工程物理研究院），主管全院的工作，那就不仅是理论工作了，还有实验部、工程设计部、生产部，并和核试验基地携手，进行原子弹和氢弹的试验和分析。在党中央和国家专委会的领导下，他率领大家克服了重重困难，用较短的时间、较低的经济代

价、较少的核试验次数，突破了原子弹、氢弹，实现了核弹的小型化、武器化，达到了先进的核武器设计水平，走出了中国特色的核武器发展道路。

我们参加工作后，在理论部工作，有一次工作中需要用到带电粒子在介质中能量变化的公式，即"阻止本领"公式，我在图书馆借到了"Physical Review"（物理评论），找到了这公式的出处。但杂志上只说道：不难导出以下的公式。并没做具体的推导。我看到在杂志文字旁边的空白处，邓稼先密密麻麻地写出了具体的推导。那时，我们已经认得老邓的字体了，给我们印象深刻的是，老邓作为理论部的主任，不仅做领导、管理工作，而且是一个做具体科研工作的专家，学术功底深厚的专家。

突破氢弹的时候，我们小组的任务是：做核试验诊断理论研究。即要提出：请实验同志测出哪些可观测量，这些观测量在什么范围，证明氢弹是成功的。当我们在上海刚算出这些量时，就接到了老邓打来的电话，要我们尽快到试验基地去，给测试的同志交数据。就这样，我们组的三位同志（我和陈侠先、姜树权）带着数据，赶往基地。在氢弹原理试验前，赶到基地的老邓、周光召和于敏等，和我们理论部在基地的其他同志，都同住在一个帆布帐篷里，大家打通铺，睡在铺在地上的木板连成的床上，白天有时间时，再用仅有的计算器和计算尺，复算数据的正确性。

1966年12月28日成功进行的氢弹原理试验是我国掌握氢弹的实际开端，当时的公报只称其为一次新的核试验。朱光亚主任曾说，如果以这个时间点计算，我国从原子弹到氢弹只花了两年零两个月的时间。所以那次试验十分重要，大家为这次试验的成功庆祝喝了酒，老邓喝醉了，大家先把他送回去休息了。

二、手挽左右成集体，浩瀚胸怀比草原

我国核武器的发展道路并非一帆风顺。经济上，国家曾经历了天灾

人祸带来的重重困难,极"左"路线挫伤了许多同志的积极性,特别是"文化大革命"使许多正在朝气蓬勃努力工作的青年骨干,受到打击、难以正常工作,就连邓稼先、于敏在工作中碰到的技术问题,也被上纲上线为"阶级斗争"。

但推进原子弹、氢弹的研制和进一步的小型化是需要做一系列具体工作、解决许多实际问题的。"需要大家干活!"这一点邓院长是非常清楚的。他的做法就是"求爷爷、告奶奶",人们说他是当"泥瓦匠",而他自己更是"以身作则",早出晚归、身先士卒。他就是这样手挽左右成集体,在大家心情不佳的时候,从"国家利益高于一切"的高度,并以他自己的模范行动,使人们感受到他的浩瀚胸怀,使人们感动,并实际行动起来,进而从低谷走出来,逐步成为一个特别能战斗的集体。这正是事业发展的需要。

三、铸成大业入史册,深沉情爱留人间

1977年夏天,我们的事业像全国一样,开始走上了"文革"后的新发展阶段。这时院里组织了"学大庆检查团",邓院长是团长,各所都有人参加,九所委派了我(时任九所六室主任)作为团员。那次,跟老邓一路走来,去了我们院的各所。印象深刻的是,各所都在"学大寨""种地"。回到院部检查团开会时,大家的一致感受是:我们是核武器研究院、工程物理研究院,还是要把"工程物理研究"这几个字落到实处,真正把"工程物理研究"搞起来。邓院长正是按照这个方向,把"文革"后的九院引上了研究院的道路。

我国的四十多次核试验,并不是每次都成功的。有一次空投的氢弹没有核爆炸就落地了,究竟是什么情况?在试验场的老邓心急如焚,坐上吉普车就去找那个弹坑,找到弹坑就不顾一切跑过去看那个虽没有核

爆炸，但已经受伤的核装置。那一次，他吃了很高的剂量。不久就发现患了直肠癌，这是一种使人很疼很疼的癌症。

在最后的日子里，躺在病床上的他，还和于敏一起上书党中央，提出了加快我国核试验的建议，使我国1996年在国际上全面禁止核试验之前，做完了必要的核试验。

老邓是很顾家的。但是工作的需要，使他在担任院长后在四川的时间，比在北京的时间多。现在梓潼县两弹城里的老院部基本上保留了原貌，现在的邓稼先故居也正是他当院长时住的地方。我们去院部出差，就住在对面的招待所。记得有一次星期天，我去找他，他首先让我吃巧克力，然后两人相约，从黑风口过长卿山，下去再过潼江的漫水桥，去梓潼县逛大街。回来时，已是午饭时间了，那时，潼江边上有一家小饭馆，专做潼江打上来的鱼。老邓就说，走，我请你吃鱼！

不久前，我又一次故地重游。潼江水照流，漫水桥仍在，江边的小饭馆却没有了，更重要的是老邓不在了，也不会再有人请我吃鱼了。写到这里不免有几分酸楚之感、黯然泪下！

▲ 2024年6月1日，杜祥琬、毛剑琴夫妇重游梓潼潼江。

> 怀念　"但愿人长久　千里共同途"

老邓是一个铸成大业的带头人，又是一位感情细腻的男子汉。我们永远怀念他！

1986年8月3日，参加了老邓的遗体告别仪式后，我心情沉重，回家就在台历纸的背面写下了这首：

悼老邓
——赠许鹿希老师

和平岁月未居安，
一线奔波为核弹。
健康生命全不顾，
牛郎织女到终年。

酷爱生活似童顽，
浩瀚胸怀比草原。
手挽左右成集体，
尊上爱下好中坚。

铸成大业入史册，
深沉情爱留人间。
世上之人谁无死？
精忠报国重天山！

当时写完，就把这个纸条送给了许老师，她一直保存着，最后把它收入了《邓稼先传》。

邓稼先：知识分子的榜样

▲ 2004年，贺贤士院士、杜祥琬院士、杨振宁院士、胡思德院士、丁伯南院士（从左至右）在九所与邓稼先雕像合影。

杜祥琬

应用核物理、强激光技术和能源战略专家。中国工程物理研究院研究员、高级科学顾问，中国工程院原副院长。曾任国家863计划激光专家组首席科学家、领域专家委员会主任，从事发展战略研究和激光物理与技术研究，是我国新型高能激光研究的开创者之一，现任国家能源专家咨询委员会副主任。曾获国家科技进步奖特等奖一项、一等奖一项、二等奖两项，部委级一、二等奖十多项，2000年获何梁何利基金科技进步奖。1997年当选中国工程院院士，2006年当选俄罗斯国家工程科学院外籍院士，2002年当选中国工程院副院长。

○ 本文转载自杜祥琬著《写在科学的边上》，科学出版社，2019年6月第一版。

痛悼我国杰出的核科学家邓稼先同志[①]

⊙ 张爱萍

踏遍戈壁共草原,二十五年前。
连克千重关,群力奋战君当先。
捷音频年传。
蔑视核讹诈,华夏创新篇。
君视名利如粪土,许身国威壮河山。
哀君早辞世,功勋泽人间。

---

① 1986年7月29日国务委员张爱萍将军在邓稼先逝世当天即书写悼词一首。

◀ 1965年10月1日,朱光亚、彭桓武、邓稼先在天安门城楼上合影。 张爱萍摄

◀ 1986年7月31日,张爱萍将军到塔院看望许鹿希一家人。 侯艺兵摄

 张爱萍

  中国共产党的优秀党员,无产阶级革命家、军事家,国务院原副总理,原国务委员兼国防部长,原中共中央顾问委员会常务委员,中央军委原副秘书长,原副总参谋长兼国防科学技术委员会主任。

○ 本文转载自陆其明、范敏若编著《张爱萍与两弹一星》,解放军出版社,2011年4月第一版。

思念

"稼先为此许其身　七洲五洋晴空碧"

思念 "稼先为此许其身　七洲五洋晴空碧"

周年怀念①

○ 许鹿希

两弹腾飞显威力，
保护人口五十亿。
稼先为此许其身，
七洲五洋晴空碧。

---

① 1987年夏，中国人民革命军事博物馆内举办了建军60周年纪念展览。邓稼先的塑像耸立在军博馆中。许鹿希随中国工程物理研究院的同志们7月10日参加预展，见塑像有感而作。

谢杨振宁先生为稼先扫墓①

⊙ 许鹿希

▲ 1987年10月23日,杨振宁等人到八宝山吊唁邓稼先。　　　　侯艺兵摄

---

① 写于1987年10月23日。在北京八宝山革命公墓,许鹿希将此诗赠送给了杨振宁先生。第二天,即1987年10月24日的《人民日报》《光明日报》《人民日报海外版》均刊登了《重洋万里隔不断　同窗友情胜兄弟——杨振宁到八宝山为邓稼先扫墓》。

"稼先为此许其身　七洲五洋晴空碧"

去年谈笑病房间，
谢君送别花束鲜。①
稼先逝去劳悬念，
深情凭吊八宝山。
重洋万里隔不断，
互敬之心逐日添。
同窗友情胜兄弟，
杨振宁与邓稼先。

---

① "去年谈笑病房间，谢君送别花束鲜"指1986年5月30日和6月13日，杨振宁两次去病房探望身患重病的邓稼先，两人有说有笑，谈了很多话，杨先生送了一大束鲜花给邓稼先，临别前又合影。

生命最后一段时光

⊙ 许鹿希　邓志典　邓志平　邓昱友

1985年7月31日，张爱萍将军在北京主持一个会议，邓稼先从基地赶回来参加此会。张将军看见他时，关切地问：你怎么瘦了？气色也不好，身上有哪里不舒服吗？邓回答：开完会以后去看看病，好像是痔疮，疼痛得很，到医院要一点润肠药就回来。张将军听后，走出会议室，亲自给301医院的院长打电话，要求安排医生接诊，并派自己的汽车送邓稼先去医院。有经验的医生检查后，认为是恶性肿瘤，不让走了，立即住院。

九院职工在近几年来有过几次体检，但他一次也没有检查过。因为大伙儿体检时，他不是到罗布泊去了，就是到其他基地去了。有时一个月从一端到另一端穿行国土两趟，忙得喘不过气来，哪儿还顾得上体检。他过去曾经担心过的一些症状在这次检查时并没有恶化，而他不在意的部位问题倒来了。"别走了，立即住院。"医生态度和蔼地说，但语气很坚定。他告诉医生，他在开一个很重要的会议，不能住院。医生微笑着对他说："这里不是会议室，这是医院。"丝毫商量的余地也没有。他立即明白了疾病的严重性。他住院了。

其实，他早知道这一天会到来，但来得这么快、这样静悄悄的，他

"稼先为此许其身　七洲五洋晴空碧"

却没有想到。这一天是1985年7月31日。六天后，8月6日的活体取材检查手术做完了，张爱萍将军焦急地问医生："活体检查怎么样？癌是不是扩散了？"回答是冷冰冰的："这个，按常规要在一周之后才能知道结果。"

张将军急了，他说我就坐在这里等着，你们尽快拿出化验结果来。张将军硬是坐在那里等着不走。半小时后，冰冻切片的结果来了，确诊邓稼先患的是直肠癌。四天后，即1985年8月10日，邓稼先做大手术，清扫癌瘤所侵犯的地方。早晨，张爱萍将军来到了301医院，九院和核工业部的领导也都来了。眼里噙着泪水的许鹿希，她自己就是医科大学的教授，她当然清楚癌症的严重性，一个受到辐射严重伤害的老年人的身体对癌症的抵抗能力她更清楚。她只能默默守候在手术室外面，盼望着连她自己也不敢相信的佳音。墙上的时钟一下一下地摆动，所有守候着的人都感到时间过得太慢了。人们心里都猜度着各种可能。他们盼望着手术室的门打开，盼望着好消息，可是心里有时也情不自禁地往坏处想，他们想用这种办法来加强对万一出现的不好消息的承受力。然而，医学是科学，科学必须面对现实，而现实常是无情的。手术后的病理诊断是"肿瘤的病理性质是恶性程度较大的低分化、浸润性腺癌，直肠旁淋巴结7个，全部有癌转移……癌症属中期偏晚，已有淋巴结及周围组织转移。预后不良"。

多年后，医科大学80多岁的老校长对许鹿希说了心里话，他说："我们刚一听说邓稼先同志患了癌症，就知道糟了。核辐射和癌细胞两下夹攻，不好办呀。"

1985年7月到1986年7月是邓稼先生命的最后一年。一个自觉到生命期限的人内心是十分复杂的。在这一段日子里，邓稼先显示出贯穿他一生的精神境界。

邓稼先在1985年7月底住进了位于北京西郊的解放军总医院，组织上为他安排了一间高级病房。理智告诉他应该做最坏的准备，自己是一个受过辐射严重伤害、现在体内尚残留放射性物质、抵抗力低下的病人。但情感驱使他盼望着康复。过去很多危险和难关都闯过来了。现代医学已经相当发达，什么领域都可能有奇迹出现，他期望着自己能有好运，因为他现在尤其感到要做的事情太多。

手术过程是顺利的，但是能否得救的关键在于癌瘤细胞扩散程度，手术有没有切净癌细胞和身体的抵抗力禁不禁得起术后的放疗化疗。手术后，医生给他在下腹部的左侧做了一个人造肛门。喜爱自在过日子的邓稼先对这个东西讨厌极了，但他毫无办法，这是他为了事业在生命最后阶段所付出的代价。付出代价他早已习惯了，27年就是这样过来的。不过，人造肛门终归是太不方便。

手术后不久的邓稼先只能在病床上静卧。静卧只能使他脑子转得更快一些。他首先想到的是抓紧这段住院的空闲时间做什么事。几十年来，所有的空闲都是他忙中偷来的。现在这样大段的空闲时间的突然来到了，怎么安排？他想写书。在此之前，他已经动笔，写的是群论，他对作为原子核理论工具的群论特别感兴趣，如果不是被成堆的工作压得喘不过气来，这一作为原子核理论工具的著作会早已完成。即使这么忙，他还是挤时间写了好几万字，虽然还不到两章，总算是开了个头。是不是利用住院的时间把这本书写出来呢？但他转念一想，现在工作那么多，有好几个挂在心上的问题还没有得到很好的解决。不行，稍好一点的时候就要把几位老伙计找到医院来，先解决这放心不下的事。有时候身体不舒服，他的思绪又爬上了另外一条路。唉，现实一点吧，恢复一下体力，磨刀不误砍柴工，出院后听听音乐、下下围棋，彻底放松一段时间，也许反倒能多做一些事情呢！重病住院之初，是一个使人思绪纷杂的时期。邓稼先此时也这样。邓稼先在病

"稼先为此许其身　七洲五洋晴空碧"

情稍有缓解之后，就经常在医院里工作了。去探病的亲友常遇到他的同事们来，他们又总是有事要同邓稼先商量。亲友们一起身告辞，病房立即变成了会议室。

1985年秋冬，单位进行党员登记，这时他刚做完大手术才两个月。组织上考虑到他的身体情况，特意告诉他，文件不用学习了，填表可以让别的同志代笔。邓稼先不同意。过去，在基地工作最紧张的时候，他还要亲自去参加党的基本知识的考试。党内的各种活动，他从来都是以一个普通党员的身份认真参加的，即使在当选为第十二届中央委员以后也是如此。他从司机老任同志处借了一套文件，从头认真读了一遍之后，在1985年11月1日亲自填写了党员登记表。他的整党收获，写了一千多字，真实地写出了自己对党和祖国的事业忠贞不渝的感情。九院党委的同志们收到这份登记表后，感动得热泪盈眶。他们说："要都像老邓这样，哪里还用得着整党？"

一段时间的化疗之后，因为白细胞数目太低，血象太差，必须中断治疗。这时候，医生同意他回家休养两三个月。他知道让他回家的原因，估计自己的生命期限大概只有几个月了。这时，他的脑子反而更加清醒有条理起来。他要抢时间，把几件必须做的事情尽快做完。

他最关心的就是中国核武器事业的发展。他请于敏同志来，谈关于我国核武器发展的设想，要和于敏等人一块研究起草一份向中央的建议书。邓稼先感到核武器同别的尖端科学一样，世界各大国都在全力以赴地向前迅跑。我们必须眼睛盯着，心里想着，手上干着，不然就要挨打。这是邓稼先心魂所系的地方。这比他自己写书、比别的任何事都重要。他抓住回家养病的机会，集中全力来干这件事。

同时，他也关心着九院的工作。1986年快过春节的时候，他约一位来北京开会的同志到家里谈工作。这位同志下了公共汽车，发现邓稼先也从另一个车门下来了。他刚从城里的北京图书馆查资料回来。晚期癌症患者，身上挂着一个引流瓶，二机部九院院长，62岁的老人，中国核武器研制事业的开拓者，从哪一方面说，他都可以要一辆车出去。可他居然从公共汽车上挤下来了。对于这一点，有很多人并不很理解他。他是为了带头树立廉洁风气吗？抑或是自我约束过了头？这些猜测也有对的地方，但不完全对！他要一辆汽车出门是极容易的。但他多次挂着引流瓶去挤公共汽车时往往是不假思索的，他喜欢随着习惯走。多年来，他严格要求自己，不特殊，已经养成习惯。所以，当情况完全改变之后，他的这一习惯仍然顽强地起作用。一次在"零时"前夜，他忘了吃饭，炊事员给他做了一碗鲜汤，他还要问一声"大家都有吗？"然后才肯喝。有一回，妻子生病住院，他探视回家遇上大雨。他宁可淋雨挤公共汽车，也不肯要车，他觉得这是私事。即使是公事，回北京工作的一段时间，他也总是要买一张汽车月票。他去挤公共汽车心里总觉得踏实。他有些做法，显得过了头。其实，这是他内心的道德观念的力量使然。正是这一力量，使别人认为他对自己太苛刻了。但是人生有些事情，往往就是这样无法改变。还有一个原因，即他那几乎是与生俱来的个性使然。他不愿意引人注意，而愿意永远在大众之中，这样他才自在。他很怕出风头。许多核武器的重大理论性和探索性工作，他不仅在研究中作出重要贡献，而且常常是把关和最后拍板的人。他亲自执笔写过很多方案，但他总是不署名或把自己的名字放在最后。他连必须出头露面的时候都躲躲闪闪。一位老司机师傅说：老邓刚当院长的时候，主持大会讲话还脸红呢！这是他的性格，这种性格使他在和群众打成一片时用不着费什么力气，更用不着做作，很自然地就做到了。

邓稼先回家养病的一段生活，虽然在他心中难免罩上绝症带来的阴影，但他仍然常常显露天真的童心，对什么热闹都还是很有兴趣。地坛庙会恢复以后他没有去过，他非要去一趟。晴冬的一天，邓稼先由妻子

"稼先为此许其身 七洲五洋晴空碧"

许鹿希陪着去逛了地坛庙会，如愿以偿。庙会上有各种小吃、各种土产品，令人眼花缭乱；各色人等在此聚集，十分热闹。邓稼先顿时来了精神，暂时忘记了自己虚弱的身体，忘记了自己的年龄，也忘记了临来地坛之前心上轻轻拂过的一丝告别生活的苦涩。他乐了，什么都要看一看，什么都想尝一尝。他吃了三个春卷，又吃了三个艾窝窝。他继续转来转去。突然间，他看见前面摊子上摆着宜兴土产小汽锅，他立即想到于敏，因为于敏最喜欢吃汽锅鸡，他马上买了一个，送给这位和他交往几十年的老朋友。

邓稼先不仅热爱他的科学事业，也非常热爱生活。他忙起来出奇地专注于事业，但是也喜欢忙里偷闲，有好电视，有中国女排参加的决赛，他就会看完电视再加班。看到中国队得分，他会像孩子一样高兴得站起来鼓掌。他到北京开会，晚上一有空就溜到剧场去，一手举着钱，一边用标准的京腔问着别人："有富余票吗？"于敏也爱听京剧，但不好意思去钓票，说这句话他就很难启齿。邓稼先不管这一套，他还一本正经地向别人介绍经验，说他如何能从来人的脚步和眼神中判断出谁是想退票的人。遗憾的是，事业给他享受生活乐趣的时间太少啦。

不久之后，他再度住院，并于1986年3月29日又做了一次小手术取活体组织检查，因为癌细胞转移明显加快了。邓稼先预感到生命给自己留下的日子已经不多了。他不止一次地对许鹿希说："我有两件事必须做完，那一份建议书和那一本书。"他翻着堆在床头桌上的两尺多高的书籍和资料，想到了什么问题马上就给九院领导打电话，谈工作，定方案。

他和同志们反复商讨，并由邓稼先和于敏二人在1986年4月2日联合署名写成了一份给中央的关于我国核武器发展的极为重要的建议书，这是为中国领导人做最后决策提供的重要参考材料。写建议书时他开始

邓稼先：知识分子的榜样

做化疗，向血管内点滴药水，一次治疗要好几个小时，他只能躺着或靠坐着，边做治疗边看材料。坐在身旁的许鹿希不断轻轻地给他擦拭满头的虚汗。他在1986年3月14日给同事的一张条子上写道："我今天第一次打化疗，打完后人挺不舒服的。"这张条子的原件，现在保存在胡思得同志处。由于邓稼先在条子上写了一些关于建议书的修改意见，至今仍属机密。

病房实际上成了他的办公室，在两次治疗中的空隙，他常常是坐在橡皮圈上伏案修改。靠着毅力忍受病痛的折磨，他终于改完建议书的稿子。这是一个临近人生终点的科学家对祖国的最后牵挂。

多年后的今天，回过头去看这份建议书的重要性，不论怎样估计也不会过分。因为在还有人挥舞着核大棒进行恐吓的地球上，它能使祖国的亿万人民平安地过上长久的搞经济建设的幸福日子。

1986年5月16日，邓稼先做了第二次大手术，清扫癌瘤侵犯的部位，以减少疼痛和延缓病程发展速度。但是，医生在手术台上见到癌组织已侵及手术刀达不到的要害之处了。手术以后，他感到自己的身体越来越虚弱。

一天上午，阳光从外面树隙穿进房来，明亮爽朗。常来医院陪他的三姐的孩子小捷给他带来了美国乡村音乐《我的肯德基》的磁带，这是最近邓稼先突然心血来潮时要小捷给他找来的。这天邓稼先的情绪特别好，他要小捷放给他听，听着听着，他渐渐入神了。邓稼先的心是不容易灰冷下来的，他总是憧憬着美好的未来。

听完了音乐，不知怎么就和小捷天南海北地聊起天来，他似乎完全忘记了自己重病在身。他说："小捷，这次我出院后不能再做原来的工作了，但是我有好多事情要干，这些工作都很有意义的。我想搞原子能的和平利用，它能直接造福于人类呀。你知道吗，原子能和平利用的工作既有意义，又有意思。"小捷起身，拿毛巾给舅舅擦了擦汗，

"稼先为此许其身 七洲五洋晴空碧"

邓稼先继续说:"你听说过吗,猪肉在常温下放两个月还和原来一样新鲜,你注意,一样新鲜。"小捷眨眨眼睛:"啊,明白了,罐头只是防腐,不能保鲜。"邓稼先说:"对。不仅猪肉,许多食品都可以利用原子能保鲜。再譬如,咱们普通常用的避雷针的保护半径只有避雷针安装高度的1~1.5倍,而放射性同位素做成的避雷针的保护范围比它要大几倍到几十倍。"小捷一听也来了情绪:"照这么说,原子能好像可以到处出奇迹。"邓稼先笑了笑:"现在还不能说到处,可是奇迹也真不少。就说菊花吧,李商隐的诗里说'暗暗淡淡紫,融融洽洽黄',现在用原子能辐照后菊花的颜色可多了,出现了双花直到五朵花并蒂,花的直径最大能到38厘米。更有意思的是,1979年用原子能照后的一棵菊花,第二年6月24日就提前开花了。"小捷玩笑地说:"看来,孕妇辐照一下,5个月孩子就可出生了。"邓稼先大笑。邓稼先知道,同样多的物质,原子能要比化学能大几百万倍甚至一千万倍以上,1升海水中的氘聚变后产生的能量相当于300升汽油。原子能和平利用的广阔前景是难以估量的。

隔了一会儿他又说:"另外,你知道不,杨振宁在规范场方面的造诣非常之高,是他一生在物理学领域的最高成就,它比起'宇宙不守恒'来,对物理学的贡献还要基本,意义还要深远。如果不是因为已经得了一次诺贝尔奖的话,凭着规范场的成就,杨振宁完全可以再得一次诺贝尔奖。我对规范场也很感兴趣,我还想把规范场论的书写出来,我已经写过一点我自己思考的东西,给别的同志看过,他们还挺赞赏呢!说实话,我还想搞计算机。我还很喜欢自由电子激光,能搞成连续可调控的激光器,非常有意思。"他一口气说了那么多的计划,仍然雄心勃勃,心气很高,根本不像一个身患绝症的人。

邓稼先的这些美好愿望一定会落空。人生,常有这样的悲剧。一个正值盛年如此有才华的科学家,生命留给他的时间如此吝啬。不,是他自己太大方了,他挥霍了自己的精力。但这种挥霍,毕竟又恰恰是事业本身要求于他的。小捷为此深受感动。他是一个年轻人,他曾经对有坚强的爱国心而作出某些惊人之举的人感到奇怪,甚至也曾以为有的人那种忘我的奉献是不是的确犯傻了。此后他彻底改变了看法,他曾对别的亲友多次说过,"好舅舅(外甥们都习惯这样称呼邓稼先)的爱国家、爱事业是毫不含糊的,就是了不起!"

后来,邓稼先以极其惋惜的心情谈到了他的一个设想。这是他考虑过很久的一项工程。核废料的危害问题始终是他的一块心病。他曾建议来病房看望他的省长同志,核废料要用剥离固化的方法处理后再深埋,这样即使发大水也冲不走,可保证本省老百姓不受核废料的污染带来的伤害。怎样化废为宝,他想过许许多多的方案,希望找到一种既可以把核废料的危害排除,又可以为国家赚到钱的一举两得的设想,可是直到他离去时仍没有得到解决,这是他临终时带走的许多遗憾之一。

1986年春天,虽然他的身体已经很差了,但他一生爱书的习惯却丝毫没有改变。他有一个表侄叫葛孟曾,优秀的中学教师,也很爱书。过去邓稼先每次回京都抽空跑书店,特别是外文书店。他和孟曾时常能在那儿碰见。他们两个人有时就站在书架前面简短地聊上一会儿。一次,他们站在那里谈论时,葛孟曾说:"稼叔,群论在量子力学中看起来是很有用的。"稼先随口说道:"不用也可以,狄拉克就是这个观点。"稼先对于类似这样的各种问题的随口解释,往往就给葛孟曾很大的启发。葛孟曾说理论物理用数学多,稼先却说:"我们过去学理论物理的人学的数学都太经典了,我认为应该多学一点现代数学。"对科学有深刻造诣的人看问题必有自己特殊的角度和独立的见解。知识在他们的头脑中只是工具,流行的看法到了这些人的思维里是绝不会被轻信的,因为按

思 念 "稼先为此许其身　七洲五洋晴空碧"

照他们的理解总会对这些看法做反复的推敲，这是有水平的科学家所共有的特点。

邓稼先回到北京的时间毕竟很少，有些好书他只好托葛孟曾给他买。比如，有一本《近代统计物理》，他买了好久没有买着，葛孟曾买到后给他送去了，他非常高兴。一得到好书，他总是从内心涌出一种充实的喜悦挂在脸上，说话的嗓门也随之提高。邓稼先买书的范围极广，因为他的爱好多，除本行业的书以外，音乐、外国文学直至围棋布局，无所不买。这且不说，还有些书，里边的内容他是并不想看的，他买它不过是喜欢它漂亮的封面。他是一个处处爱美的人吗？并非如此，他的衣裤破了，补好再穿，有时不补也穿，他的外衣，无非是灰色制服而已。在衣着上，他根本谈不到爱漂亮，但是美丽的书的封面却能牵动他的心。

1986年夏初，他发现了一本好书，叫《基本粒子物理的规范理论》，他研究规范场论很需要这样的书，可是这时他的病已经很重了，没有精力再去跑书店。他告诉孟曾："你无论如何要帮我把这本书买到。"葛孟曾对表叔爱书的急切之情了然于心。他一有空就四处到书店去打听，但始终没有买到，每当葛孟曾带着遗憾甚至有些惶恐的心情到医院去探望这位表叔时，他走在楼道里，心中就觉得忐忑不安，他怕叔叔问起书来。葛孟曾是尽到责任了，但他不愿意使叔叔又一次失望，他怕看到叔叔失望的表情。当他每次硬着头皮进到病房时，表叔总是抱着希望急切地先问："那本书买到了吗？"葛孟曾只好说："书还没有来。"邓稼先又一次失望了。

终于有一天，孟曾无意中在书店买到了这本书，他顿时欣喜若狂。孟曾已年届半百，他顾不得体弱和疲劳，改变了以往不去硬抢公共汽车的老习惯，拼命挤车，快步从这一站跑向转车的那一站。他想尽快把这个喜悦带给表叔，他想看一眼表叔拿到书的那一瞬间满意的笑容。

他终于疾步赶到了病房外边。但是，一种异样的感觉突然使葛孟曾心里一沉。病房的门大开着，里面的人很多，没有说话的声音。他来晚了，晚了。他本来以为表叔这一次定能扫除屡屡产生的遗憾，然而这一遗憾却随着表叔一起远去了。葛孟曾呆立在病房的门口，眼泪夺眶而出。

在邓稼先病痛稍稍轻缓的时候，他常常和来陪他的医生及子侄们聊聊天。话题从东到西，是跳跃式的。一次，李锦秀医生来看他，闲谈时说到了现在青年人的装扮。李锦秀医生说："老邓，现在外面的年轻人化妆可难看了，眼圈蓝蓝的，上身露到胸前，不像个样子。"邓稼先笑了，他说："小李呀，你年纪轻轻的，脑瓜怎么这样守旧，年轻人爱漂亮，人之常情嘛，有什么不好！"邓稼先是到海外见过世面的人，对这一类问题相当开放。而且他对于人群中追求高档物品的消费，看得也很客观，没有什么偏狭之见。他自己在生活上很平民化，没有那么多讲究，但他并不是苦行僧。他主张美化生活，丰富生活。抽中华烟，喝五粮液，用美加净牙膏。有条件的话，他也乐于去享受这些好商品的愉快。但是他量力而行，并不摆谱，没有的话，穷凑合也都能过得去。他也不是有意显示自己的朴素，要在群众中造成什么印象。但是在20世纪60年代的困难时期，要想给他以高于群众生活水平的特殊照顾，他是绝不干的。这种时候，他心里因过意不去而坚决去阻拦别人对他的好心照顾。

第二次大手术之后，邓稼先进入了充满感情细腻而反复的回忆时期，这是除了猝然而逝的人之外，每个人在生命最后一幕时的共相。在这最后的回忆中，实际上是在重新咀嚼一生的欢乐和痛苦。有时甚至能极冷静极客观地透视自己一生中的某些失误之处，尽管由此歉疚之情与自我安慰相伴而生，但当事人能从其中获得一种彻悟的愉快。

"稼先为此许其身　七洲五洋晴空碧"

　　有一次,邓李捷来陪他,坐在旁边,邓稼先躺着,没有说多少话。但邓李捷凭直觉感到他又陷入回忆之中了,这是情感的回归。慢慢地,邓稼先稍微平静下来,他对身边的年轻人说:"《大卫·柯波菲尔》这本书你读过吗?""读过。"年轻人诡秘地一笑,随口答着。"那么,我来给你背一段,你听听。"邓稼先便用流利的英语像朗诵似的背出了下面一段话:"噢,艾格妮斯,噢,我的灵魂。当我的一生真正完结了的时候,但愿你的脸也像这样在我身边!当现实像现在舍去的身影一样从我眼前消失的时候,但愿我依然见到在我身边向天上指着的你!"(o Agnes, O my soul! so may thy face be by me when I close my life indeed: So may I, when realities are melting from me like the shadows which I now dismiss, still find thee near me, pointing upward!)艾格妮斯是大卫·柯波菲尔深情钟爱的妻子,两人青梅竹马,终于结成幸福的伴侣。邓稼先会背的英文段落不少。他选了这一段来背诵,想必是心中有所预感吧。

　　邓稼先年轻的时候,大概和所有年轻的大学生一样,也会有他自己值得回忆的罗曼史吧。一个有深刻思想和浓厚感情的人,在他行将告别这个世界之前,他必将检索出他一生中所有值得留恋的地方。他甚至愿意去承受告别回忆中带来的情感上的痛苦,因为他生活中的情趣和厚味也就附着在这些事件上。这种回忆本身是一种告别,几乎可以说是一种痛苦情感的冲涌。但邓稼先偏偏不是躲避而是去寻觅它们。

　　慢慢地邓稼先闭上了双眼,用手摸索着握住放在床边的一本《简明核工程手册》。这是一本工具书,上边有从事核工业研究所需要的各种数据。几十年来,他有两本书必定要随时带在身边,除了这一本之外,就是《量子场论》。他做粗估的时候经常要翻阅《简明核工程手册》。粗估是邓稼先在工作中经常用到的科学判断方法,就像一个棋手在棋盘上进行概略形势判断和选择定式一样。二十多年来,他做过的

邓稼先：知识分子的*榜样*

粗估就像夜间晴朗的天幕上的繁星一样，无法知道有多少。他粗估时的体验，是他研制核武器工作的一种典型的体验。他躺在床上，闭目养神，脑子里转个不停，这种感受平时重复过无数次，现在他非常怀念这种体验。

邓稼先开始利用自己身体稍好的时日进行访旧。过去他有过很多次旧地重游的体验，每次都是兴致勃勃的。但是现在的心境不同了。一天晚上，他坐车来到三号院，到他二十几年前和一群年轻人最初搞设计时所在的办公楼，一座看上去很普通的灰色楼房。房子不但质量远不如90年代修建的高楼，而且如今楼前的空地已没有当年那样宽敞了。这所大院里房子增加的速度就像核武器的进展一样，一大块一大块的空地渐渐挤满了楼群。稼先心里有一种欣慰之情。但是今天他是来告别的，这是最后的一眼，楼房的形象可能将从此永远从他的眼前消失。他又想到了当年的小伙子和大姑娘现在全都已是五十开外的人了，脑子里随即闪过"昔人已乘黄鹤去"的句子，这时他心中的感受是可想而知的。但是这灰楼里年轻人出出进进，自然不是"此地空余黄鹤楼"的景象。

邓稼先的心情最沉重的一天终于到来。国家要给研制核武器作出过重大贡献的

▲20世纪80年代，邓稼先在杭州疗养休息。

许鹿希提供

"稼先为此许其身　七洲五洋晴空碧"

人颁奖，地点在庄严的人民大会堂。这一天下午，要求每一位受奖者先去练习一下排队和走步。邓稼先对医生说："上边要求练习，没有办法。"他装出很老实的样子。经医生批准他出了医院。但他并没有到人民大会堂去，而是回了家。说老实话，他一直就想回家，随着病情一天天地加重，他更想回家了。家里的人他是能经常见到的，但那是在医院里。他想的不单是家里的人，也不是家里的房子，而是全家人在家里吃一顿普通晚饭的那样一种生活氛围，一种平常极不在意而现在倍觉宝贵的生活感受。他特意打电话给大姐，因为大姐每周三下午都要到医院来看他，他对姐姐说："今天下午不要来医院了，到我家里去，我回家。"

家里一切如常，他离开这个家已经又是两个多月了。平时出差可以好几个月甚至更多的时间，回来也没有什么特别的感觉。这一次不同，邓稼先的心情飘忽不定。他不由自主地东看看西看看，他和儿子甩放鞭炮的晒台，从夜晚忙到天亮的红色电话机，脑子里冥思苦想时躺过的那张床，喝酒时自己独霸一方的木桌，接待挚友杨振宁时坐过的那一对旧单人沙发。传出莫扎特小夜曲使自己心旷神怡的收录机、书橱、笔筒、台灯……

晚饭是在家里吃的，有甲鱼、芦笋，还有其他菜，这顿饭吃得一点没有香味。邓稼先没有什么话，今天回来后也没有露过笑容。

邓稼先在最后的几个月，像这样情绪消沉的时候并不多，因为他的大部分时间被另一桩工作上的大事占去了。他的精神生活就安顿在那个任务上面。他们的研制工作已经进入取得新的突破阶段，这个阶段在他尚未患病时就已经开始，他为此作出了重大的贡献。但任务没有完，工作继续需要身患重病的邓稼先的脑力和智慧。而邓稼先的身体按说已不允许再做这样的支出了。这两方面他的伙伴们都是十分明白的。同事们不忍心到医院来打搅他，但还是不断地来，不仅许多事情要问他，要听他的分析和看法，而且有很多重大问题要他来拍板。事关重大，谁也不能光凭同情心就去承担这种自己力所不能及的事情。在这段时间里，这些有情的伙伴像无情的讨债人，有时几乎是轮番到病房来看病人，但更多的是谈工作。邓稼先一谈到节节进展的工作，就忘掉一切，疼痛也减轻了，有时竟眉飞色舞地说个不停。只有当护士端着针药盘子进来的时候，他才猛然意识到这里并不是办公室。

除了和别人谈工作之外，他自己还拼命干着另一件事，就是写那本预计80万字的大部头的书。邓稼先是一个对什么都有兴趣的人，他在物理学方面的兴趣也非常广泛，因为研制核武器所涉及的面很宽，他必须懂很多东西。如果不是工作的严格要求，他的兴趣就会像一根牧羊人的皮鞭驱使他踏遍山前山后的草地，尝遍各处水草的味道。现在他想抢时间把书写出来。他开了一个很长的书单子，让李锦秀医生回基地时一本一本地从他的书架上挑拣出来，全部带到了病房。他还让别人从图书资料室给他借来大量的书籍和杂志。但是他忘记了自己已是一个被剥夺刻苦读书钻研工作的人。医院规定，桌子上不准摆工作用书，放一本都不行。医生是医院的法官，护士是执法严格的法警。这些小姑娘训斥起病人来是毫不留情的。出于无奈，邓稼先只好把这些资料塞进壁橱和衣柜里，让悬挂着的长长的衣服作为它们的防护墙。他很细心，知道晚上8点以后是护士不大会进病房来的较安全期，这时就可以写书了。偷偷地干一点痛快的事，是邓稼先小时候顽皮性格的延续。有时回想起来，邓稼先自己也忍不住笑。

只要无关大局，他总爱抓机会略施小计。有一次在新疆试验场地马兰，工作很疲劳，也觉得有些枯燥。邓稼先灵机一动，拉上李锦秀医生要去游泳。他们乘一辆吉普车，来到美丽的博斯腾湖畔。他们迫不及待，像孩子一样跳到水中，戏水、游泳，尽情地玩。邓稼先这个有名的"大白熊"，慢慢游在蓝色的博斯腾湖的边沿。清凉的湖水轻轻漾过他白皙的皮肤。水的温柔的按摩，使他轻松自在。在盛夏的戈壁滩上终

思念 "稼先为此许其身 七洲五洋晴空碧"

日枯燥的生活中能得到这样的享受，真是妙不可言。正当他们忘乎所以的时候，本来心里就不太踏实的李大夫忽然发现山坡上有一队黑点朝这边移动。"坏了！"李医生脑子闪过这个念头。黑点好像是奔驰的汽车。莫不是警卫队来了？他并没有猜错，就在他们急忙上岸刚刚穿好衣服的时候，警卫营副营长带着一个排的战士到了眼前。副营长狠狠地训斥李医生，为什么不阻拦邓院长，反而公然违反纪律擅自到这样危险的地方来。这时的邓稼先已经是中共中央委员了，警卫部队的同志可是理直气壮的。责任使那位副营长毫无顾忌地发着火。李医生一句话也没说出来，邓稼先也无话可说。

这都是回忆起来令人开心的往事，现在是不可复得了。

第二次手术以后，他疼痛得越来越厉害。一次他对小捷说："痛起来像用杀猪刀捅一样。"每次大痛，他便汗流不止，但他从来不叫嚷，最多只是哼几声。小捷在病床旁边，每到这种时刻，便不知所措，只有靠说话来打岔，以求为舅舅减轻痛苦。

他在疼痛减轻的时候，常常回忆起别人的长处和功劳。尤其常常怀念与之长期共事的牺牲者。他对别人说："郭永怀教授死得太早了！要是他在，我们的激光加速器一定会早几年搞出来！"他还说："钱晋死得很惨，他贡献很大，就是当时名气小了一点，不然的话，不至于……"他常常提及某个问题主要是谁来解决的，还有什么问题又主要是靠谁来解决的。他在后期，每每提到共事的同志和朋友，大概是他非常怀念和他们在一起工作的时光。

后期，邓稼先很少谈工作了。他的身体越来越差，虚弱得下床走几步就是一身大汗。日夜都有人陪护他，照顾他。一天晚上，李锦秀医生陪床。因为白天太累，所以晚间李医生睡得很死。半夜过后，一个很重的声音把李医生惊醒了。他翻身爬起来，看见邓稼先摔倒在地上，李医生这时急得忘掉彼此的身份，他怒斥了邓稼先："你为什么不叫我，为什么？"这严厉的责怪中饱含着多么深切的关心啊！他认为邓稼先思虑他人太过分了，没有必要在这种时候还去考虑别人，还去照顾一个健康年轻人的休息，这是一种无谓的损失，简直是可气。他厉声说："你知道我来这里是做什么的吗？"老邓一声不吭，后来，用略带求情的口气说："我看你睡得太香了，我觉得自己还可以做这点事。"等事情过去之后，已是凌晨，天已经有些蒙蒙亮了，他和李医生都睡不着。邓稼先躺在病床上，望着窗外，这个时候是他最喜欢的黎明。因为黎明是一天紧张有趣生活的开端，黎明时心里充满着活力。窗外，树上的叶子在刚刚出来的阳光下显得碧绿，到处是一片勃勃生机。这时邓稼先却对李医生说了一句与这种环境十分不协调的话。他亲切而缓慢地说："小李，做人可不容易呀！人不能做坑人的事，我这一生就没有做过坑人的事。"

1986年7月15日，万里代总理到医院看望邓稼先的时候，告诉他国务院决定将全国劳动模范称号授予他，这是"七五"计划期间的第一个全国劳模。两天后，李鹏副总理来到病房授予他全国劳模的奖章和证书。邓稼先服了加倍的止痛药，吃力地表达了他对党和国家的谢意，诚恳地说出了他一贯的最真实的看法。他说："核武器事业是成千上万人的努力才能取得成功的，我只不过做了一部分应该做的工作，只能做一个代表而已。"李鹏副总理对他说："党和国家非常感谢您这几十年来在核工业、核武器方面作出的贡献，您说得也对，这个事业当然是千百万人的事业。但是，我们也充分地估价您在这个核武器事业中作出的贡献。"

他只是一个代表，但是，他是一个十分杰出的代表。

邓稼先几个月来日夜思念的女儿典典终于在1986年7月20日凌晨从美国来到北京。因为长时间的飞行和时差，妈妈让女儿先睡一会儿再去看爸爸。许鹿希早晨到医院像说平常事一样把女儿到京的消息告诉他，她希望父女俩见面的时候在感情上尽量平稳一些。

"稼先为此许其身 七洲五洋晴空碧"

上午10点多钟,典典来了。父女相见,抱头痛哭。哭泣并不就是脆弱。至纯的人,至纯的情感,无法控制,也无须控制。

典典不想提起爸爸的病情。她先说这次回来赶得很急,机票事先已由国内组织上付了款,一切顺利,然后谈到自己一年来在美国的学习生活。她读研究生,要学很多门课程,哪些课以前在国内读过,内容明白,只要翻成英文就行了,哪些是新课,很有意思。她还告诉爸爸,自己在美国很节省,她对追求高消费和那些洋气的东西一点也不羡慕,穿的衣服是国内带去的。爸爸听到这些,脸上浮出甚感安慰的微笑。

这段时间,父女共同最感兴趣的是回忆,回忆,是对生活的再品味。他们两人断断续续回忆了许多往事。典典自内蒙古建设兵团返京,分配在一家做箱子的工厂当工人,一干就是四年。终于机会来了,1977年恢复高考,她决心冲上去。她只能用下班后的时间补习功课,而她实际上只有小学毕业的程度。要在1977—1978年的一年时间里补完中学课程,唯一的办法就是拼命。

那时候,典典每天下班回家先吃一点东西,马上就睡觉,到夜晚11点起来读书。因为她根本没有学过物理课,连牛顿定律都不知道,请的老师认为这样低的程度没法补课,不得已,邓稼先只有亲自上阵。碰巧邓稼先这时有工作要在北京住三个月,时间算是有了,但是教科书买不到。女儿对爸爸说:"我记得那个旧课本还是您骑车从旧书摊儿上给暨摸来的呢!"邓稼先说:"对,好像是一本半文言的书。"典典来了情绪,学着老学究摇头晃脑地说:"某某之方程式如下。"

引得邓稼先哈哈大笑,接着就说:"典典,别看那本书文字老气横秋,写得可有板有眼,是一本上等的好书呢。"当时,就是用这本教材,邓稼先每晚给典典讲物理课,常常讲到第二天凌晨三四点钟,父女两人一块拼命三个月,典典就凭它一步跨过了在中学要学五年的物理课。这三个月,典典难,邓稼先也难。知道这件事的人说:"要一个整天搞尖端科学的院士教中学物理,真是难为他了。"这话是有道理的。邓稼先回忆到这个地方,不无得意地说:"够难的,教中学比教大学难。"有一阵子大院里放电影,这就又添上一层困难,环境太乱了。天刚擦黑,院子里就支起放电影的大白布银幕,银幕的正反两面,都挤满了各路观众,大院里住的老老少少,外面蹭进来白看电影的人们,以及窗户上晒台上各种姿势的看客。尽管典典早已把门窗紧闭,嘈杂的声浪还是不断闯进屋子里来。有一次吵闹声实在烦人,典典皱起眉头,她问爸爸,这么乱哄哄的,你如何能专心讲课,好像什么都听不见?邓稼先顺手在一张白纸上写下了陶渊明的名句:

结庐在人境,
而无车马喧,
问君何能尔,
心远地自偏。

典典一下就领悟了。"心远地自偏",一个人读书做事,一定要有这样的修养和境界,否则便一事无成。像这样玩儿命似的念了一年之后,1978年,姐弟二人同时收到大学录取通知书,一个学医,一个学工。

在回忆中,典典伏在邓稼先的胳膊上说:"爸,我在美国还常常想起这首诗。"然后,他们又扯到了1985年典典将去美国读研究生之前的一天,她刚洗完头发,还没有梳好,邓稼先看着她,突然问:"你看过《走向深渊》这部电影吗?"典典随口答道:"看过。"稍一停顿,立即加了一句:"爸,我不会的!"这是什么意思?原来,《走向深渊》是部外国电影,说的是非洲某地一位做机密工作工程师的爱人到欧洲去学习,情报机关利用其迷恋花花世界的弱点,将他们双双套入特务网内,

"稼先为此许其身 七洲五洋晴空碧"

窃密成功的故事。在典典梳头之时,父女二人一问一答,简单至极,含义至深。现在旧事重提,孩子们更深地感到了爸爸在品德上对他们的教育和学业上的帮助,他们为有这样一位好父亲而自豪。

往事就这样一幕一幕地浮现在一家两代人的心上。但是,五天之后,邓稼先病重昏迷,病房中那样亲切的谈话声消失了。

1986年7月29日,邓稼先终因全身大出血而与世长辞。

除了自然科学一等奖(自然科学奖最高奖)外,邓稼先一共还得过四次国家级科学技术进步奖特等奖。直到1989年夏天又颁发给邓稼先一次特等奖。此时他去世已三年。他之死而无憾,在于他为我国一代又一代的核武器研制马不停蹄地奋斗了一生,而且取得了原子弹、氢弹、新型氢弹和第二代核武器等一个又一个的成果,其他的一切,荣誉、牺牲,甚至个人受到误解和委屈,都变得无所谓了。

这种心情,他在1984年10月16日写了一首七律表达过:

红云冲天照九霄,
千钧核力动地摇。
二十年来勇攀后,
二代轻舟已过桥。

虽然邓稼先早就说过,身后不开追悼会,把骨灰放在母亲墓旁。但是,组织上另有安排,追悼会还是开了。

1986年7月28日,国务院办公厅秘书局打了一个报告。全文如下:

文寿同志:

中共中央委员、科工委科技委副主任邓稼先同志近日病情危重,为此国防科工委和核工业部向国务院报送了《关于邓稼先同志身后

有关治丧事宜的请示》。我们研究认为可同意国防科工委和核工业部的请示，建议将此件送请李鹏、爱萍同志批示。当否，请核示。

国务院办公厅秘书局
1986年7月28日

文寿同志批示：拟同意，报请李鹏、爱萍同志批示。

李鹏批示：拟同意，请启立同志批示。稼先同志是中委，对中国核武器研制有重大贡献，似应隆重悼念。7月29日。

张爱萍批示：决定何人参加追悼会，请即告我，我今日赶回京，7月30日晨。

胡启立批示：同意李鹏同志意见。7月30日。

1986年8月4日，全国各大报刊登了新华社发的追悼会消息和悼词。《人民日报》刊登的悼词的标题及全文如下：

深切悼念"两弹"元勋
邓稼先对祖国的贡献永垂史册

——国务委员张爱萍在邓稼先同志追悼会上致悼词

中国共产党的优秀党员、杰出的核科学家邓稼先同志，因患癌症，医治无效，于1986年7月29日在北京逝世。终年六十二岁。

今天，我们怀着十分沉痛的心情，深切悼念这位为我国的核武器事业无私无畏地奉献了自己毕生精力的工人阶级优秀战士、中国知识分子的杰出代表。

邓稼先同志生前是中国共产党第十二届中央委员会委员、国防科工委科技委副主任、核工业部科技委副主任、核工业部第九研究院院长、中国科学院物理学数学部学部委员、全国劳动模范。

思念 "稼先为此许其身 七洲五洋晴空碧"

邓稼先同志1924年生于安徽省怀宁县，1945年毕业于西南联合大学物理系。抗战胜利后，他在北京大学物理系任教，积极参加了中国共产党领导的反对国民党反动派的民主斗争，曾任北京大学教职工联合会主席。1948年赴美国留学，在印第安纳州普渡大学获物理学博士学位。1950年9月，他毅然冲破重重险阻回到祖国，满腔热忱地投身于社会主义新中国的建设。曾任中国科学院近代物理研究所、原子能研究所助理研究员、副研究员，兼任中国科学院数理化学部副学术秘书，从事原子核理论的研究，为我国核理论研究做了开创性的工作。邓稼先同志于1951年加入九三学社，1956年加入中国共产党。1958年8月调到第二机械工业部，参加组织和领导我国核武器的研究设计工作。历任第九研究院理论部主任、副院长、院长等职。

邓稼先同志为我国的核武器研制事业兢兢业业，呕心沥血，孜孜不

▲ 1986年8月，邓稼先追悼会在北京八宝山革命公墓举行，国防部长张爱萍致悼词。 侯艺兵摄

倦地奋斗了二十八年。从原子弹、氢弹原理的突破和试验成功及其武器化，到新的核武器的重大原理突破和研制试验，他都做出了重大贡献。他作为主要参加者，曾获国家自然科学奖一等奖和国家级科技进步奖特等奖。他是我国核武器理论研究工作的奠基者和开拓者之一，是我国研制和发展核武器在技术上的主要组织领导者之一。

邓稼先同志勤奋学习，刻苦钻研，善于团结同志，发挥众多科学家的聪明才智，博采众长，协同攻关。当外国撕毁协定后，他和他的同事们一起，发扬独立自主、自力更生、艰苦奋斗、发愤图强的精神，以坚定的信心，克服了种种困难，为我国第一颗原子弹试验成功立下了卓越的功勋；接着，又突破了氢弹技术难关，成功地爆炸了第一颗氢弹，为打破超级大国的核垄断，增强我国的国防力量，保卫世界和平做出了不可磨灭的贡献。

邓稼先同志担任第九研究院院长重任后，更致力于核武器的改进、发展工作。他尊重科学，实事求是，严格按科学规律办事，从理论设计、加工组装、实验测试到定型生产，总是尽力深入到第一线考察了解情况，遇到重大问题，无不亲临现场指挥、处理。他始终遵照周恩来同志"严肃认真、周到细致、稳妥可靠、万无一失"的批示对待每一项工作，绝不放过一个疑点。他常常在关键时刻，不顾个人安危，出现在最危险的岗位上，充分体现了身先士卒，奋不顾身，勇担风险的崇高献身精神。

邓稼先同志是一位物理学家，他不仅有深厚的理论基础，而且有广博的实验、技术知识。他对核武器这个多学科的庞大系统工程有全面的了解。他勇于开拓，富有探索精神。他不仅是一位善于把理论和实验相结合，把科学和工程技术相结合的科学家，而且是一位出色的科研工作组织领导者。

邓稼先同志从青年时代起就立志报效祖国。他热爱党，坚决贯彻执

"稼先为此许其身　七洲五洋晴空碧"

行党的正确路线、方针和政策。他坚持党性原则,有高度的组织纪律观念。他在政治上、思想上,处处以共产党员的标准严格要求自己。他作风正派、廉洁奉公,数十年如一日,一心扑在工作上,做到了全心全意为人民服务。

邓稼先同志作风民主,密切联系群众。他襟怀坦白、顾全大局、谦虚热忱、平易近人。他担任领导职务,但从不以领导者自居。他善于倾听别人的意见,注意团结同志,时常关心青年的成长和提高,受到同志们的敬重和由衷的爱戴。在党的领导下,他和老一辈科学家们培养和带领出一支有高度事业心、作风严谨、团结协作、勇于攻关的科技队伍。

邓稼先同志长期忘我工作,不为名、不为利,甘当无名英雄,默默无闻地奋斗了数十年,积劳成疾。他在病重时仍念念不忘我国科技事业的发展,为发展我国的高技术献计献策。邓稼先同志真正做到了他经常讲的"一不为名,二不为利,但工作目标要奔世界先进水平"。他的名字虽然鲜为人知,但他对祖国的贡献将永载史册。他不愧是中华民族的好儿子,不愧是中国共产党的优秀党员,不愧是中国知识分子的优秀代表。他的不幸逝世,是我国人民、我国军队和我国科学技术事业的一大损失。今天,我们悼念他,要化悲痛为力量。要学习他为了祖国的强盛,为了国防科研事业的发展,身先士卒,勇担风险,舍生忘死,奋斗不息的献身精神;学习他不计名利,任劳任怨,埋头苦干,甘当无名英雄的崇高品德;学习他对工作精益求精,极端负责,处处以国家利益为重的高度政治责任感;学习他治学严谨,谦虚谨慎,平易近人,深入实际,团结群众的优良作风。我们要继承他未竟的事业,加倍努力,为了祖国的四化大业,为攀登科学技术高峰,继续拼搏,开拓前进!

邓稼先同志永垂不朽!

（新华社发）

美国《纽约时报》（New York Times）也刊登了同一天新华社发的新闻（剪报由杨振宁先生自美国寄给许鹿希）。英文标题为：Deng Jiaxian, China Scientists, Developed Nuclear Weapons.

许鹿希

邓稼先之妻，1928年出生，江西省九江市人。大学毕业后留校任教，是北京大学医学部教授、博士生导师，专长神经解剖学。在北医工作整五十年。自1992年起获国务院颁发的政府特殊津贴。是第九届全国政协委员。已出版的书籍有：《两弹元勋邓稼先》新华出版社1992年，《邓稼先传》安徽人民出版社1998年，《邓稼先图片传略》安徽教育出版社2003年，《邓稼先文集》安徽教育出版社2003年（此书获第十四届中国图书奖）。

邓志典

邓稼先之女，1954年出生，安徽怀宁人。大学毕业后，先当医生后读研究生，长期从事医务工作。

邓志平

邓稼先之子，1956年出生，安徽怀宁人。大学毕业后，长期从事电子和计算机工程方面的工作。

邓昱友

邓稼先之孙，1993年出生，安徽怀宁人。

○ 本文转载自许鹿希、邓志典、邓志平、邓昱友著《邓稼先传》，中国青年出版社，2015年2月第一版。

"稼先为此许其身 七洲五洋晴空碧"

隐姓埋名的爸爸

⊙ 邓志典 邓志平

我们的爸爸邓稼先很随和,在家中从来不显出长辈的威严来。当我们很小,才刚刚学说话的时候,他就教我们叫他"好爸爸""十分好爸爸""非常好爸爸""极端好爸爸""绝顶好爸爸"等一连串的形容词,直到想不出新的名堂或是我们学不上来为止。可是我们给他起了一个外号叫"胖爸",他也很高兴地答应。他的同事叫他什么的都有,年长的叫他"小邓",年轻的叫"老邓"。绰号有:"娃娃博士""大白熊"等。直到他当院长、学部委员和中共中央委员了,头发也花白了,才有了固定的称呼"老邓"。

从我们懂事以后,爸爸常常出差在外,回家的时候很少。但是每逢爸爸回来的时候,家中就十分欢乐。我们都愿意和爸爸聊天,或者讲故事给爸爸听。平平说天黑以后在外面墙角处逮蛐蛐的过程,爸爸就津津有味地听着,并且随时插几句话,介绍自己的经验:先静悄悄地听蛐蛐叫,判断声音的方向,找准了来源,知道在哪一块碎砖头下面了以后,猛地一下把砖头翻开,同时打亮了手电筒,把广口瓶子扣上去,蛐蛐猝不及防,就落到了瓶中,一逮一准。说到高兴处,两人都哈哈地笑,一点也不去想衣服上弄得都是土啦、满手黑泥巴啦什么的。

邓稼先：知识分子的榜样

▲ 1967年，从左至右：王淦昌、彭桓武、郭永怀、警卫员、邓稼先、刘柏罗在新疆核试验场地，枯干千年的胡杨树旁。

九所提供

爸爸说，从小学会骑自行车，长大就不用学骑车了。他自己就是这样过来的，所以他的车技极佳。他用稿费给我们姐弟俩买了一辆真正的小自行车，除了两个大轮子以外，还有两个小轱辘。放下小轱辘，车子不会倒。开始时我们虽然脚还够不到蹬子，也能放心地在屋子里面骑车，不怕摔倒。渐渐地就可以把小轱辘翘起来，只用两个大轮子。所以我们都在上小学以前学会了骑自行车，这是在不知不觉玩耍中就学会了的。长大以后，我俩比爸爸骑得还好，时常让胖爸坐我们的二等车，在旷野没人的路上带他一大段。

男孩子都淘气，平平也不例外，在那"七、八、九，嫌死狗"的年龄，他每天和大院里的、大院外的孩子在外面玩到天黑，直到肚子咕咕叫了才回家，自由自在地玩得痛快。有时和小朋友们比赛爬树，看谁爬得高，谁在树枝上待的时间长。一次，平平爬到大礼堂外面的一棵大树上坐着。这天礼堂里正在开大会。礼堂在二楼，平平坐在树杈上正好和

思 念 "稼先为此许其身 七洲五洋晴空碧"

坐在主席台上的爸爸对着,爸爸看见平平,平平也看见爸爸。叔叔们悄悄地对爸爸说:"老邓,你看,你儿子在树杈上坐着哪!"爸爸也轻声地回答:"让他玩去吧,我小时候也爬树。"爸爸常说:"我们是小孩子的亲爱的父母,并不是他们的阎王。"

爷爷名叫邓以蛰,是北京大学教授。家住在北大朗润园,离未名湖很近,我们冬天常到未名湖去溜冰,爸爸偶尔也去。他溜得很好,外八字、里八字,花样不少,因为他从小就会滑冰。但我们最喜欢的是自己做的土冰车,用几块木头片拼成一尺见方的木板,下面绷上两根平行的粗铁丝,人蹲在木板上,手里拿着短棍用力向后撑,小木板冰车就在冰面上飞速地前进,绕着北大的荷花池和弯弯曲曲的小河来回滑,和小朋友比赛谁滑得快、谁不翻车跌倒,开心极了。有一天我们又玩到满身大汗才回家,奶奶笑着说,真是有其父必有其子,你们爸爸小时候也是个大淘气包。

爸爸于1924年6月25日出生在安徽怀宁县城外的一个乡间故居里。听奶奶说爸爸小时候轻轻松松地、连玩带念地读完了小学,上了初中。一年级上的志成中学,二年级插班考入崇德中学,就是现在北京西单绒线胡同第31中学的前身。爸爸上中学以后照样喜欢玩耍,但对弹球、爬树等的爱好很快就让位于渴求新知识的兴趣。尤其是在数学、物理方面,又得到比他高两班的同学和好友杨振宁的帮助,引起他对理科的极大兴趣。曾经有一段时候,爸爸对数学着了迷,每天晚上自动做题到深夜。第二天早上奶奶进屋一看,地上撒满了练题的草稿纸,就细心地一张张帮他收好。爸爸的英文得益于爷爷不少。爷爷曾于1917—1923年在美国留学,就读于哥伦比亚大学,他亲自做启蒙老师,教给爸爸正确的发音,又让他记住不少单词和句子。崇德中学的英语由一位英国女教师教的,因此爸爸进步很快。两年多后,就可以靠字典的帮助,看外文小说了。

可是，就在爸爸顺利地学习，快乐地玩墙球，过着无忧无虑的幸福生活时候，突然爆发了日寇大举入侵中国的"七七事变"。北平很快沦陷（当时北京叫北平），落入日军的铁蹄之下。几天之内，屋破瓦飞，被打死的士兵和老百姓的尸体，无人去管，一片战场上的荒凉景象，十分凄惨。在北平，日本军部规定，中国老百姓从日本哨兵面前走过，都要向哨兵鞠躬行礼。如果这样做，中国人的民族尊严不就一扫而光了吗？爸爸和他的同学们宁肯绕道走很多路，也不去向日本哨兵行礼。日本军部还规定，凡是日军占领我国一个城市，就要逼着市民和学生庆祝他们的胜利。这也使得有良知的中国人怒不可遏。在爸爸16岁那年，日寇又一次搞这样的庆祝时，他愤怒地把小旗子扔在地上踩了几脚。汉奸狗腿子在追查，好心的中学校长怕出事，对爷爷说，邓稼先再留下去，太危险了，赶快让他走吧。于是16岁的爸爸和比他大10岁的仲先大姑，告别了家人，从北平出去，绕道南下去昆明。到昆明后不久，大姑把爸爸送到四川江津九中去读高三。在1941年6月，爸爸高中毕业。

随即，他到重庆去考大学，那时日寇的飞机几乎天天来轰炸。一天，他正走在去重庆途中的江边山路上，又遇到日军的飞机来了，爸爸眼见一颗颗炸弹、燃烧弹落到对岸的屋顶上、路上。大片拥挤的房屋塌作一堆。大火升腾，浓烟滚滚，连着几条街烧成焦土。敌机在头顶上呼啸，用机关枪扫射。扫射一阵之后又扔炸弹，凶狂如野兽。可是，地面上挨炸的中国人没有任何还击或抵抗之力，不见高射炮向天上的敌机开火，也没有一架飞机上天去迎敌。

1941年秋天，爸爸考上国立西南联合大学物理系，到昆明去读大学。之后，他在昆明也遇到日寇飞机的狂轰滥炸。当时西南联大的校舍很差，只是土墙草顶的平房而已。就是这样的屋子，也连中几颗炸弹变成了几个大坑和一堆烂泥。从北平到昆明，从沦陷区到大后方，虽然只有十几岁，爸爸已经饱尝了受欺凌压迫之苦。他多么盼望在祖国的天空中没有一个洋鬼子飞机敢扔炸弹的日子早点到来啊。在这些挨炸的日日夜夜里，他终于明白了一个弱国总是备受欺凌的道理，从此立下了"国家兴亡，匹夫有责"的决心。

此后，爸爸学习非常努力，在1945年他21岁时从西南联大毕业。不久抗日战争胜利，他到北京大学物理系做了两年助教。后在1948年考取留美的研究生。漂洋过海来到美国印第安纳州的普渡大学物理系，仅用一年零十一个月，读完课程、写成论文、通过答辩、获得了博士学位，当时他26岁。回国后，在中国科学院原子能研究所工作了八年。

1958年8月，爸爸受命从科学院调到二机部参加研制原子弹的事业时，我们姐弟俩还很小，一个上幼儿园小班，一个上中班，什么事也不懂。爸爸的同事不知道他调到哪儿去了，说："邓稼先失踪了！"我们只觉得胖爸没空儿和我们姐弟俩玩了。他回家太晚了，我们早就睡着了。只有妈妈感觉出来1958年夏天，是爸爸一生中发生巨大转折的日子。

一天晚上，当我们姐弟两人睡着了以后，爸爸和妈妈整夜未眠，他俩谈了一个通宵。爸爸说："我要调动工作了。"妈妈问："调到哪儿去？去干什么工作？离北京多远？"爸爸只说是去参加一项国家高度机密的工作，其他都不能说，随后便聊起了八国联军进攻北京城，抗战用小米加步枪抵挡敌人的飞机大炮。谈到最后，爸爸用低沉的声音、激动地下决心似的说："我已经答应领导了。我的生命就献给未来的工作了。我今年34岁。做好了这件事，我这一生过得就很有意义，就是为它死了也值得！"

10个月后，在1959年6月，苏联政府单方面撕毁了一切合同，撤回全部苏联专家，因此，中国第一颗原子弹的代号叫作"596"，周恩来总理在1959年7月向二机部长宋任穷传达中央决策："自己动手，从头摸起，准备用8年时间搞出原子弹。"

邓稼先：知识分子的榜样

从此，千钧重担压在爸爸他们肩上。爸爸当时曾经对他的同事讲了这样的话："研制原子弹，是中国人民的利益所在。国外对我们封锁，苏联专家也撤走了。现在只有靠我们自己了。我们要甘心当一辈子无名英雄，还要吃苦担风险。但是，我们的工作能振国威、振军威！我们为这个事业献身是值得的！"

爸爸他们明白，搞原子弹研制工作是绝顶机密的事，必须从此隐姓埋名，不能发表论文，不能公开作报告，不能出国，不能说自己在什么地方，更不能说在干什么。不能把办公室里的记录拿出去，一些最重要的数据甚至不能写下来，最稳妥的是记在头脑中。他们的工作上不告父母，下不告妻子儿女。由于当时的国际环境恶劣，也由于世界各国都是在极其秘密的情况下研制各自的核武器，所以爸爸他们的工作处于非常秘密之中。他从不对我们说什么，我们和爷爷、奶奶、外公、姥姥也都不知道。那时候，周恩来总理说："邓颖超是中央委员，是我的妻子。因为她的工作与核试验这件事无关，我也没有告诉她。"中央军委副总长张爱萍将军把周总理的话向全体人员作了传达，全体参试人员都非常感动，学习周总理严于律己的精神。因此，在原子弹炸响之前，没有走漏一点风声。虽然美国的侦察卫星一天到晚地在中国上空转圈，预测到中国快要爆炸原子弹了。但是，再多的细节他们却弄不到手。

这种绝密的情况一直延续到1964年10月16日下午3时，当我国西部大戈壁滩上空升起顶天立地的蘑菇云状大火球后，全世界的人都知道了中国人造出了原子弹。那天晚上，北京的大街上挤满了抢着买《人民日报》（号外）的人，大家都兴高采烈，扬眉吐气。我们的外公也拿着印着大红字的号外笑得合不上嘴，连声称赞："太棒了！太棒了！"不久，严济慈公公来家中作客，他当时是科学院副院长。外公问他："是谁有这么大的本事，把原子弹搞了出来？"严公公笑着说："嘿，你还问我，去问你女婿呀！……"

思念 "稼先为此许其身 七洲五洋晴空碧"

▲1964年10月16日,《人民日报》(号外)。

外公突然明白了,两位老人都大笑起来。自此以后,我们家里的人都知道了爸爸在参与研制核武器。但是,爸爸要求我们保密,不许向外人说,不要当"漏勺",别人寄给爸爸的信件仍然都由妈妈转。

打一个粗浅的比方:要想盖一座大楼,先得拿出设计图纸,然后由施工队伍砌砖盖顶做窗户等通力合作。图纸设计成什么样,大楼也就盖成什么样儿。研制原子弹也是同样的顺序。因此,在1964年原子弹爆炸成功以前的一年多,爸爸他们已经向中央提出了原子弹的总体设计方案。但是,他们并没有就此止步。在1963年9月,当时主管国防科技工作的聂荣臻元帅下令让邓稼先领导的设计原子弹方案的全班人马,原封不动地全部转向研制氢弹。因此我国第一颗氢弹的代号就叫作"639"。从此,爸爸他们又投入了日夜不停紧张的研制工作中去了。

从科学原理上讲,原子弹是在原子核裂变时,发出巨大能量,产生核爆炸，也就是说，关键处是打碎原子核。而氢弹正相反，是在两个原子核聚合成一个原子核的时候，发出更加巨大的能量，也产生核爆炸，叫作核聚变。这个聚变要求有极高的温度才能实现。即在原子弹爆炸时产生的高温，可以导致核聚变。打个容易懂的比方：点燃香烟要用火柴，而点燃氢弹则要用原子弹。这就是为什么世界各国都是先有了原子弹才能有氢弹的道理。

我们的爸爸曾是中国第一颗原子弹理论设计的总负责人。接到聂帅命令转攻氢弹设计后，便立即和他的同事们绞尽脑汁想出各种点子、奇招和方法。把这比成茫茫大海中捞一根绣花针那样难，是一点也不过分的。终于，他们这批不要命的科学家经过几百个不眠之夜后，搞出了一个有充分论证根据的可行方案来。后来，外国人把这个方案叫作中国研制氢弹的"邓—于理论方案"。根据这个方案，总理决定进行两次核试验，用以验证方案是否正确。就是1966年5月9日我国第三次核试验，用轰炸机空投一枚核弹，验证制造氢弹的热核材料铀—锂，取得成功。以及1966年12月28日在新疆罗布泊进行的我国第五次核试验。检验此方案的基本原理，又获得成功。这两次热核爆炸证明"邓—于理论方案"正确可行以后，周总理领导的中央专门委员会决定立即进行多级热核弹试验。于是，赶在法国人之前，我国的第一颗氢弹在1967年6月17日爆炸成功了。

1958年到1986年这28年中，我们中国一共进行了32次核试验。其中15次是爸爸负责并亲自在现场指挥的，次次成功，他的同事称他为"福将"。爸爸也因为工作出色，获得五次国家级最高奖。即1982年的全国自然科学一等奖和1985、1987、1989年四次（1985年为原子弹、氢弹两项特等奖）国家科学技术进步奖特等奖。并获得全国劳动模范称号。在1982年当选为第十二届中共中央委员会委员。

由于保密的缘故，爸爸他们不能把所研制成功的各种性能、各种型

思念 "稼先为此许其身　七洲五洋晴空碧"

号的核武器透露出来。也不能讲明他们在核武器换代的工作中，取得了什么样的收获。只能通过爸爸在一次庆功会上亲笔写的一首打油诗，来总括他们的成就：

> 红云冲天照九霄，
> 千钧核力动地摇。
> 二十年来勇攀后，
> 二代轻舟已过桥。

虽然爸爸的外号叫"福将"，可是我们都知道这后面隐藏了多少艰辛。在这28年中，他时刻像一位在跑道上迅速奔跑的运动员，不停地冲刺，再冲刺。他的神经像弓弦一样，绷得紧紧的。爸爸常说的一句话是："心都提在嗓子眼儿上了。"例如，有一次在特种车床上加工原子弹的核心部件，就是把提纯的、放射性极强的毛坯切削成要求的形状和重量。这是一件非常危险的工作，不能切多，不能切少，精确度极高。不能出半星火花，更不能过重地敲击。

当时爸爸和二机部领

▲ 邓志典轻轻抚摸父亲邓稼先铜像。　　侯艺兵摄

导李觉将军同时站在工人师傅身后,每车一刀测一次数值,操作正常。站了一天又到半夜。李将军的心脏病发作了,不能顶到底。但是爸爸知道这个部件的重要,便继续站下去,站了一天一夜直到第二天早上拿到合格的产品,保证了这次核试验的成功。还有,原子弹爆炸试验之前,要插雷管,这是所有危险工作中最危险的。万一发生问题,在场所有的人将立刻化为气体。在插雷管时,爸爸总是无言地站在操作者身后。他要稳住人心。还有一次,午夜过后,爸爸刚躺上床,突然接到电话说一个所里加工的部件出了问题。他放下电话只穿着拖鞋出门上了吉普车。那时已下了几天大雨,汽车跑在山路上是十分危险的。天黑不见五指,瓢泼大雨把山上的泥土和石头冲了下来,路段上时有塌方,吉普车沿着山路忽而向上,忽而向下,躲过冲下来的大石头,来到一条河边,大水已经漫过了桥面,河床里歪倒着以前在此出事的汽车。司机停住车,不敢开了。爸爸使劲摇着司机的肩膀说:"冲,往前冲过去!"又严肃地低声说,"他们在等我处理故障。干咱们这一行的,没有小问题。小问题如果解决不好,就会酿成大祸啊!"司机明白了,他加快油门,小心地开上桥面,混浊的河水立即灌到了车里。终于过了漫水桥,又颠簸了好几个小时才到达。爸爸立即投入工作,又干了一天一天,排除了故障。还有一天清晨五点,爸爸干了一夜工作正准备休息一会儿,别人告诉他说一位工作人员在检查吊装钚239核部件时,发现有一个电火花。爸爸立即赶到现场,他一项一项地核对记录和数据,一直核对到下午四点,找到了产生电火花的原因,消除了隐患。

　　还有一次,在地下核试验之前,插好雷管的核弹已经下到了深井里,密如蛛网的线路已接通,地面上千军万马也都各自就位,只等听那一声闷雷般的轰响了。这是零时之前,爸爸的心自然也是提到嗓子眼儿上的时候。突然,后方传来了一个惊人的消息,把他给惊呆了。

"稼先为此许其身 七洲五洋晴空碧"

后方急报说复查中发现计算结果中有个地方有问题,要求停止这次核试验。这消息好比晴天霹雳猛地轰来。因为轻易地停止试验,问题可大了。起吊已装好雷管的核弹就已是极其危险,何况还要拧开已拧死的螺丝钉。众人的目光都集中在爸爸身上,他很快乘吉普车来到井口,在井上井下来来回回地忙了两天两夜。复查了各种测到的数据,然后回到他住的帐篷里,沉思起来。然后,他用笔在纸上又一次做了粗估,判断出即使计算有错,但误差的幅度不至于影响到核试验的成功。于是,他得出结论并拍板:核试验照常进行。结果是这次试验又取得成功。

爸爸这种拼命努力去争取成功的精神,是我们姐弟俩的活榜样。在1966年"文革"开始时,我俩都在上小学。等到1976年"文革"结束,10年的光阴在农村和工厂劳动中度过,我们都已20多岁了。这时传来了大学恢复高考的喜讯,我俩决心一试。当时连中学的课本都没有,爸爸从旧书店中找来有用的数学、物理书等,有的甚至是几十年前出版的。我们每天劳动后,吃完晚饭,立即上床睡到半夜,起来用冷水洗洗,就一直读到天亮。再睡一小会儿就去上班。一年中,我们没有睡过一天整夜觉,体重掉了10多公斤,也曾累得昏倒过。爸爸曾经利用他来北京出差的机会,用3个月的夜晚12点到凌晨4点,教给我们全部中学物理。经过这样的玩命似的苦读,我们姐弟二人终于获得成功。在1978年同时考上了大学。

我们的爸爸总是和蔼可亲,像我们的朋友,但终因劳累过度身患癌症,于1986年7月29日在京逝世,享年62岁。这以后,杨振宁伯伯数次海外来信,他写道:

——邓稼先的一生是有方向、有意识地前进的。没有彷徨,没有矛盾。
——是的,如果稼先再次选择他的途径的话,他仍会走他已走过的道路。这是他的性格与品质。能这样估价自己一生的人不多。我们应为稼先庆幸!

每当回想起理解、信任的话语,联系到杨伯伯对爸爸的评价,我们明白了爸爸心境。

◎ 本文转载自邵华、薛启亮主编《我们的父辈(自然科学家卷)》,河北少年儿童出版社,1993年12月第一版。

"稼先为此许其身 七洲五洋晴空碧"

我的姑爹邓稼先

⊙ 许　进

生活中，姑爹是有血有肉、有情有欲的普通人。抛开已经熟为人知的英雄事迹，我给大家讲述姑爹辛劳的工作和平凡的生活，讲述他可歌可泣的一生。

1937年7月7日，日本鬼子发动"卢沟桥事变"，北平沦陷在侵略者的铁蹄之下。为了奴化中国人，日本鬼子强迫中国百姓向在路边站岗的日本兵行鞠躬礼。少年邓稼先感到十分屈辱和气愤，他宁愿绕道多走路也不向侵略者敬礼。

1948年，美国普渡大学研究生院核物理专业接受了邓稼先的入学申请。同年10月，他进入美国普渡大学学习。22个月后，他完成了题为《氘核的光致蜕变》的博士论文，于1950年8月20日获得博士学位。

获得博士学位后的第9天，邓稼先放弃了去英国的机会，与百名爱国青年一道乘船回国。

1953年，邓稼先与我姑姑许鹿希结婚。我祖父和祖母当面称呼他"稼先"，私下谈话时称呼他为"邓孩子"，视同己出。

1958年，姑爹受命研制核武器。其时，国家的经济条件十分落后。姑爹领导的理论部每天需要工作十几个小时，青年技术人员经常被饥饿困扰。有一次,姑爹凌晨3点来到机房检查计算结果。为了核实一组数据,他把已经睡觉的孙清河等青年同事叫起来询问。问题搞清楚了,天已经亮了。姑爹问大家:"昨晚你们吃夜宵了吗?饿不饿?"孙清河抱怨说,饭还吃不饱呢,哪有粮票吃夜宵呀!姑爹闻听后从兜里拿出几斤粮票,分给在场的同事每人4两。

40多年后,孙清河回想起这件往事,十分激动地对我说:"那时候,每人每月只有28斤粮票,又没有副食,粮票是多么珍贵呀!当时,我拿着老邓给我这4两粮票的感觉,今天你给我4两黄金也无法相比!现在想起来,我不应该收老邓的粮票。"

为了节约计算时间并保证结果的正确性,邓稼先注意培养大家的粗估能力。在每个方案开始计算之前,先用计算尺粗估出计算结果的范围。如果超出粗估的范围,就不浪费时间继续算下去了。

在姑爹去世前,杨振宁先生去医院看望时问他:"听说你搞核武器只得了10块钱奖金?"姑爹说:"不对,我得了20块钱,原子弹10块钱,氢弹10块钱。"

"文革"结束后不久,在一次核试验中,氢弹下降的速度过快,没有引爆。为了尽早知道试验失败的原因,邓稼先不顾一切地跳上吉普车,冲向预定的爆炸中心。大家极力劝阻他不要进入三百米半径危险区,让防化部队进去了解情况。邓稼先说:"这是我做的,我知道。大家谁也别去,你们进去了也是白受污染。"说完他走入那片死亡之地。他了解到事故的原因是因为降落伞的问题,在下降过程中没有打开。

长期工作在强辐射环境中的邓稼先,被这次意外事故击倒了。他开始便血,情况越来越严重,但是他顾不得去医院检查,心里只有他的核武器。

1985年7月底,邓稼先到北京向国务委员兼国防部长张爱萍将军等中央领导同志汇报工作。张将军发现邓稼先的气色不好,逼着他去医院

"稼先为此许其身 七洲五洋晴空碧"

检查身体并马上给解放军总医院打电话,说有一位功勋科学家要来检查身体,请他们做好准备。邓稼先不得不服从命令。

医生检查的结果是直肠癌中晚期,就生气地问他:"你早干什么了?家属来了没有?"邓回答:"我是请假来检查身体的,身边只有警卫员。"医生命令邓稼先说:"你今天不能走了。"不久,邓稼先接受直肠癌手术。手术当天,早晨8点钟,张爱萍将军赶到医院,在手术室外面等候结果,等了4个多小时。10个月后邓稼先去世了。临终前,他嘱咐大家:不要让人家把我们落得太远。

姑姑曾经对杨振宁教授说,中国研究核武器的开支比外国少很多。杨先生听后摇了摇头说:若算上科学家的生命,计算结果就不是这样了。

姑爹不仅是一位卓越的科学家,还是一位战略家。1985年8月,姑爹接受手术以后,他忍着手术和化疗带来的痛苦,用他的睿智和微弱的生命在病床上写出了关于我国核武器发展规划的建议书。这是优秀的儿子写给母亲的最后一封万金家书。建议书很快就被党中央和国务院采纳。

姑爹一家的生活很简单。起初,中国工程物理研究院分配给姑爹一套两居室的楼房,后来调到一套三居室居住,他一直住到去世。他家里没有沙发,家具也十分简单,除了书架、桌子和床以外没有什么摆设。后来有的两个单人沙发是1971年为了接待回国探亲的杨振宁从单位借的。去世之前,姑爹被任命为国防科工委科技委副主任。他本有资格搬到部长公寓,但他没有搬。姑爹去世后,姑姑一直住在那套三居室的老房子里,家具和陈设一点都没有改变。

1996年6月,中国共产党建党七十五周年前夕,光明日报记者采访了我父亲、我姑姑、我祖父的秘书和我。记者问我姑姑,如果让邓稼先重新选择,他还会走这样一条路吗?姑姑和我都肯定地回答说:他会的。祖国把关系到国家前途和命运的大事交给了他,他向祖国奉献了自己的智慧和生命。一生能够如此被祖国信任，又能够如此地报效祖国，是多么难得啊！

 许　进

九三学社第十四届中央委员会委员，第十三届政协全国委员会委员。其姑姑为邓稼先的夫人许鹿希，其祖父为九三学社创始人、五四运动领袖、新中国成立初期全国政协副主席、全国人大常委会副委员长许德珩。

○ 本文转载自《光明日报》，2019年6月21日。

追忆

"踏遍戈壁共草原" "群力奋战君当先"

追忆 "踏遍戈壁共草原""群力奋战君当先"

怀念邓稼先同志

⊙ 高 潮

1987年7月29日,是我国核武器事业杰出的科学战士邓稼先同志逝世一周年的日子。我与邓稼先同志共事前后历时25年。这25年正是我国核武器事业发展的一个重要时期。对于他的逝世,至今我仍然很悲痛,我国科技界和国防科研战线上的一颗闪闪发光的巨星陨落了,我也丧失了一位良师益友。回忆与邓稼先同志共同奋斗的那些难忘的岁月,将激励我们为我国社会主义现代化事业的建设而竭忠尽智,奋力拼搏。

一、科技工作者的时代使命

1958年,我国政府为了增强国防力量,打破超级大国的核垄断,树立起我们祖国的国威、军威,为维护世界和平作出贡献,决定发展我国的核武器事业。当时我们这一批平均二十多岁不到三十岁的年轻人,就是为了这一伟大的时代使命而从全国各地乃至国外聚集到一起来的。稼先同志是1958年8月调到核工业部九院的,当时任理论部主任。我是1960年11月从苏联留学回国后调到九院,在稼先同志指导下工作。那时,我们这批年轻人所想的、做的一切就是要为国争光,为民族争光,为我们10亿人的中国在这个世界上站立起来,要用实力让人家尊重。稼先当时常说:"我们搞的是空气动力学,有压力就必然有动力。"当时参加这一事业的年轻人就是顶着压力,为完成祖国赋予的这个庄严任务而奋力拼搏的。

在两霸封锁重重困难的条件下,怎样实现自力更生?当时的做法是边干边学。一方面组织高级科学家讲课,一方面在确定了的理论攻关方向之下分成了许多个小组进行协同攻关。稼先同志常在我们中子物理组讲授有关工作方面的课程。那时大家干劲很大,晚上大楼内灯火通明,直到深夜。清晨起床后,吃早餐前还要到研究室学习、钻研,谁要是8点钟才上班就感到脸红,认为自己迟到了。稼先同志更是一心扑到工作上,与大家同甘共苦。每天我们加班到什么时候,他就和我们一起干到什么时候,领导的任务不是监督你怎样上班,而是晚间催促同志们回去休息。尽管生活很困难,但大家毫无怨言。当时理论部的任务是怎样尽快地拿出可行的原子弹总体设计方案来,理论部的同志都特别紧张,稼先同志更感到责任重大,真到了卧薪尝胆的地步。

从1962年9月到1964年10月,仅仅在两年的时间里,戈壁滩上一声巨响,一朵硕大的蘑菇状烟云腾空而起,震惊了世界,两个两年加在一起,仅用4年多的时间,就把原子弹搞出来了。当时国外不少的人对我们这样的速度十分震惊,不知其中有何秘诀?这个秘诀就是在于我们有一批像邓稼先同志这样不为名、不为利,在我国核武器研制事业中兢兢业业、呕心沥血,无私奉献毕生精力的优秀科技工作者。

二、舍生忘死、奋斗不息的献身精神

稼先同志常常在关键时刻，不顾个人安危，出现在危险的岗位上。安装起爆部件时他在场，开启有剂量的密封罐时他在场，试验时，他总是在最前沿的指挥岗位上，他的这些举动给现场操作和工作的同志增强了信心和力量，也是最好的政治思想动员工作。

在突破新的核武器时期，邓稼先同志更是全身心地贯注，他根据科学理论的计标和设计，经过论证后决定，将原拟进行的三次试验，改为两次，这样将为国家节省巨额经费，而且整个研制时间表将提前许多，但是这个方案的难度很大，对理论设计和试验的要求都比较高，稼先作为主要决策人的责任重大，要担比较大的风险。但是稼先同志从不考虑自己个人的得失，不考虑别人会怎么看，他只考虑能不能争取时间，及早地在科学原理方面突破，尽快地拿出质量合格的产品装备部队。这是我国"六五"计划期间最后一次的关键性的热核试验。1984年冬天，稼先同志和其他领导同志一起在试验场地的前沿指挥车上，"零"时即刻，在指挥车上的人先是感觉到地震，以后就是一阵如同闷雷那样的响声，前面的那个山头好像要飞起来似的烟雾腾腾，粉尘烟雾过后，再看那个山头的颜色与别的山都不一样了。当我们看到表示试验圆满成功的记录信号时，稼先和我们都在车里高兴得跳了起来，兴奋得难以自抑。大量的测试信息证实了稼先同志在选取实施方案的决策上，是正确的。在上千、上万个同志的共同努力下，终于提前实现了原理的突破，达到预期的目的。但是谁曾料想到，此时癌症已经开始侵袭他的身躯了，他经常拉稀，身体日渐虚弱，而他自己却全然不顾，一如既往地为祖国的核武器事业全力拼搏，完全忘却了自己，充分体现了身先士卒，奋不顾身的崇高献身精神。

在我院大家都知道稼先同志的欢乐或苦恼都和他所从事的事业是

否顺利连在一起,如果一次试验结果不很理想,他连饭也吃不下去,来回徘徊,苦苦思索。如果试验成功了,他马上就高兴起来,大家往往要稼先请客,他马上就掏钱。他带到场地的好烟、糖果也一扫而光。用稼先的话来说,这二十多年来他经常是"心提在嗓子眼上"过日子,我们这些人,在每次试验没响以前,也全都是吃不好,睡不好,担心那成千上万个环节有哪个还可能出什么问题,比蜘蛛网还复杂万倍的控制、测试和监视系统的电缆、仪器设备要是有一个地方出了纰漏,那还了得!真叫人够提心吊胆的,连家属也睡不好觉。我们一出发到试验基地,家属们也在焦急等待试验现场的试验消息,心也都悬着。稼先在北京时心跳一般是七八十次,可是一到基地,在起爆前他的心跳常到120多次,血压也常往上蹿,心情非常紧张。稼先同志和从事这一研究事业的同志一直把周总理指示的"严肃认真,周到细致,稳妥可靠,万无一失"当作工作的座右铭,一丝不苟地对待每一项工作。

三、治学严谨、学风民主、平易近人

邓稼先同志一生勤奋学习,潜心钻研,治学十分严谨。不仅在20世纪50年代末60年代初,那个艰苦创业的时期,他和大家一起起早贪黑地学习,并且通宵达旦地为青年人备课。就是在他年过半百,在核武器的研制上,已有相当的理论和实践的造诣以后,仍然坚持勤奋学习。稼先同志的宿舍在我住的宿舍的前排,彼此对着窗户,每天他的灯总要亮到深夜。常常一觉醒来,还看到稼先同志窗口的灯光。他除了研究有关核物理、理论物理等专业学科外,还坚持自学外语。他早年曾留学美国,英语很好,但是为了便于瞭望国际上核技术的进度,以及有关的经验和教训,他还自学德语和法语,每

"踏遍戈壁共草原""群力奋战君当先"

次出差他都随身带着录音笔、磁带,利用旅途和其他空闲时间学习。稼先同志是很重视这方面的工作的。和国外专家讨论问题,人家不可能原原本本地从头到尾详尽介绍,但只要人家点到几句,由于他熟悉最前沿的发展,所以能马上掌握问题的关键所在。一直到他身患癌症住进医院后还忍受着病魔的折磨坚持学习。稼先同志临终前还念念不忘我国核武器事业的发展。逝世前3个月,他还同九院的其他领导共同讨论研究,写信给中央,对我国核武器事业的发展提出了自己的宝贵意见。

稼先同志有一个很大的优点,就是学风民主,平易近人。在学术上,稼先总是充分发挥民主,博采众长。他鼓励别人提出不同意见,绝不摆出高级权威的架子。人家向你提了不同意见,就想法子出点难题治他一下,这种事在稼先那里从来没有过。所以大家都愿意跟他讨论问题,有时也争辩得很激烈,但互相之间的关系都相当好。我国的核武器研制事业之所以能这样迅速取得成果,不负国家和人民的重托,很重要的一条就是有一批邓稼先这样出色的科学技术专家和科研工作组织领导者,他们不光在学术上造诣很高、有较强的组织管理能力,且作风民主、实事求是、尊重科学。科技工作者,各有自己的专业,观点也常不一致,只有以这种平等的态度、民主的作风,才能把成千上万的人团结在一起,为一个共同的目标奋斗。

稼先同志待人谦虚、真诚、平易近人,没有架子。在九院,从各级领导、科技人员到汽车司机、警卫员,大家都喜欢和他在一起。人们叫他从不称官衔,都叫他"老邓",非常亲切。

邓稼先同志长期忘我工作,甘当无名英雄,默默无闻地为我国核武器研制事业奋斗了数十年。从原子弹、氢弹原理的突破试验成功及其武器化,到新的核武器的重大原理突破和研制试验,他都作出了重大贡献,由于他所做的工作,许多属于国家战略机密,一时还难以公诸世人，但是，他的"献身、求实、创新、协作"的精神和对祖国的贡献将永载史册。

▲ 1987年10月23日，高潮参加八宝山吊唁邓稼先活动。从左至右：顾迈南、高潮、周光召、杨振宁、宋健、伍绍祖。

侯艺兵摄

 高　潮

　　核物理学家、核技术工程专家、科技管理专家。原中国科协党组书记、副主席、书记处书记，其间还兼任中国科协干部学院院长、中国科协讲师团常务副团长等职。曾任中国工程物理研究院副院长、常务副院长兼科学技术委员会副主任。

○ 本文为笔者为纪念邓稼先逝世一周年所写专稿。
本文转载自《光明日报》，1987年8月30日（节选）。

追忆 "踏遍戈壁共草原" "群力奋战君当先"

邓稼先与书

⊙ 胡干达

邓稼先将自己的一生无私地奉献给了祖国的核科学事业。他留下来的家当,最珍贵、最值钱的是书籍。

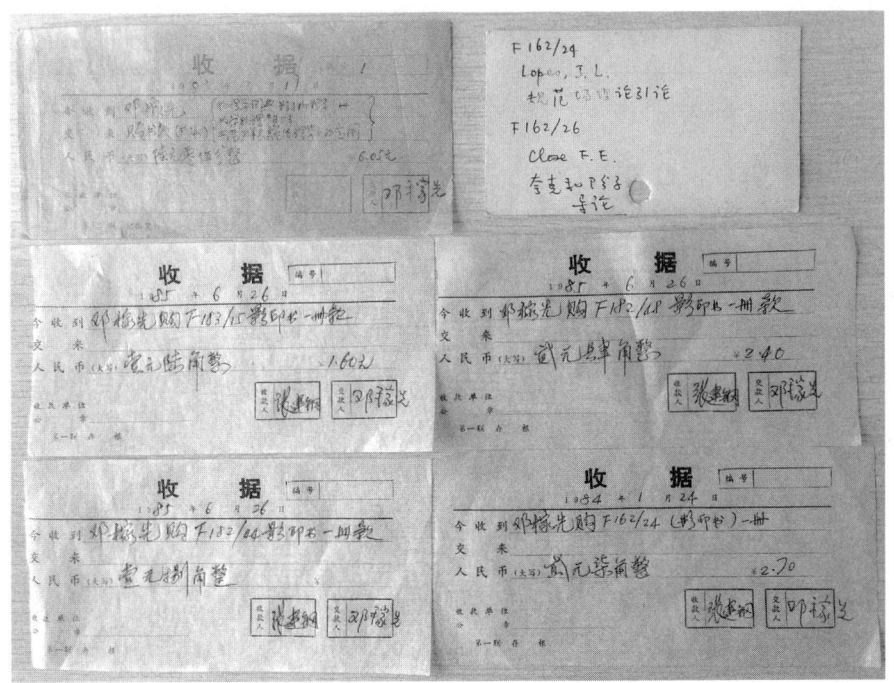

▲ 邓稼先自己购书的凭据。　　　　　　　　　　　　　侯艺兵摄

老邓平时生活随和俭朴，非常珍惜时间，嗜书如命，逛书店、购书是他的一大乐趣，既舍得花时间，也舍得花钱。每次进京开会，他都要挤时间去王府井新华书店和外文书店转转，选上几本称心如意的新书带回四川。图书馆每次来了新书目录，他都要细心浏览一遍，有中意的马上用红铅笔画上钩，委托图书采购员替他代购。日积月累，他的书架和书柜都摆得满满的。每隔两个月，身边工作人员要按照他的习惯，将他整理的书籍、看过的、暂时不用的书刊移到柜子里，将添购的新书和需要经常翻阅的期刊、资料，放在靠近写字台的书架上，便于阅读查找。

老邓长期过着两地分居的单身生活，养成了灯下夜读的习惯。白天工作忙，顾不上看书，每晚看完"新闻联播"后，是他静心攻读、研究学问的黄金时间。即使晚上参加重要会议，散会回宿舍也要先看个把小时书，然后才休息。1985年8月底，他患病住进解放军总医院，做完手术不到半个月，就不顾医生劝阻，亲笔列出目录，让警卫员回家替他找书送到医院，供他随时翻阅。第一次疗程结束后，正值冬天，他腰间挂着一个塑料排便瓶，穿上一件厚棉衣，鼓鼓囊囊，行动很不方便。可是，他却瞒着家人买了一张月票，居然兴致勃勃地经常挤公交早出晚归，坚持去北京图书馆看书。

在四川，老邓同警卫员合用一套三居室的平房，一间分给警卫员居住兼做一般接待室，一间是办公室，再一间做卧室，办公室和卧室都兼做书房。按照他的设计，卧室里靠窗户摆了一张三屉桌、一把藤椅、两把折叠椅，加上一张普通钢丝床，剩下的空间，全放的书架和书柜。办公室稍大，有18平方米，里面摆放一对小沙发、一个长沙发和一张写字台、一个保险柜，加上三个木质高书架和三个大书柜，挤得满满当当。冬去春来，老邓在这间普通平房里辛勤工作、刻苦钻研、同科技人员促膝长谈、探讨新的技术方案、攻克道道难关，用自己的智慧和心血培植出丰硕的科研成果。

追忆 "踏遍戈壁共草原""群力奋战君当先"

▲ 四川梓潼两弹城邓稼先旧居。

▲ 邓稼先旧居内办公室。

邓稼先：知识分子的**榜样**

▲ 邓稼先旧居内卧室。

邓稼先逝世后，身边工作人员对他的遗物进行了认真清理，并按照夫人许鹿希教授的意见，除将大量内部资料和期刊移交档案室保管外，老邓多年选购的个人藏书近2000册（其中外文原装本996册）全部赠送给图书馆。他个人的生活用品全部留在原处作为传统教育的实物展品。

一位伟大的科学家，静悄悄地离开了人间。

他不仅为祖国创造了物质财富，而且为后人留下了一笔极其珍贵的精神财富。这就是在生前鲜为人知的邓稼先。

 胡干达

中国工程物理研究院原院办公室主任。

"踏遍戈壁共草原" "群力奋战君当先"

未完成交响曲

——追忆"两弹元勋"邓稼先生命最后时刻

⊙ 刘树模

唱片仍架在唱机上,只要合上电闸,那暗红色的唱片便会旋转起来,一股既忧郁又欢乐的旋律便会如波涛般汹涌溢出。这是舒伯特的《未完成交响曲》,是你最后一次离开研究院临行前夜听过的,只可惜没有听完。

默默的追忆

这不是真的,不是。邓稼先院长,我们杰出的前辈,你没有离开我们。记得那天你辞世的消息从北京传来,我以为自己的耳朵听错了。颤抖的手握着话筒,我反复地问对方也问自己:这是真的吗?这是真的吗?然而这是真的,这是无可挽回的现实。于是我的头垂下了,放下电话,沉痛地将这不幸的消息告诉办公室的每一个不愿相信的人,然后便站到一旁苦苦地沉思。我痛悔自己接到这电话,似乎不接到电话你就不会离开似的。

邓稼先：知识分子的**榜样**

  川北"两弹城"正是烈日当空的时候，天真蓝，云真白。瞭望窗外，古柏葱郁的长卿山，我想透过这空寂的天空，穿越宇宙望见你的身影。你不是打着绿伞离开的吗？我们似乎看到了你雨中匆匆行走的伟岸身影，步履坚定而沉重。那把大绿伞，是质量低劣的塑料布做的，那黄色的油漆已开始剥落了。可此时，当我重新回忆起它的时候，它却那样美，那样富有哲理和诗意。

  故物依旧，故人西辞。一切都显示着刚刚离去却要回来的样子。半开的书橱，随意横放着的拖鞋，半掩着门的书柜，桌上翻开的书和描绘未来星球大战的剪报……它们都在静静地等待着你，凄凄地沉默着，使人无法忍受这痛苦的悲哀。

  你再也不能回来了。离开你工作的核武器研究院转眼已一年有余。这一年，我们苦苦地等待过你，也苦苦地思索过你；这一年，我们流过泪，也见别人流过泪。

  数十载的秘密历程，你已经习惯了离别，早已不把离别当回事了。

  那天晚上，开会很晚，你回来时已是凌晨。你披星戴月，走过院部大楼前的花圃时，安详的夜来香在向你微笑和喷发芳香。为了核武器的发展规划，你和科学家们在学术厅一坐就是一整天，夜以继日，讨论得异常热烈。你说科学需要脚踏实地，你说科学需要幻想，脚踏实地加幻想便是科学的明天。你像是要紧紧抓住这有限的时间，想在离开前把所有的方案都研究透彻，你反复叮咛滔滔不绝，冥冥中像是在做最后的交代。

  你走进寝室，轻轻地开门，轻轻地关门。警卫员睡了，睡得正香，你宽厚地笑笑，精神仍很亢奋。你觉得自己还年轻，浑身充满着活力，离迟暮和衰老还很远很远。你想起了建院初期北京的"灰楼"，想起了青海高原的创业基地，想起了新疆戈壁的国家试验场，想起了漫长的至今仍无人知晓的为原子弹、氢弹而秘密奋战的岁月。它们都像离你很近,在昨天,在昨天晚上?你感慨万端,忘了自己,甚至也忘了明天就要出行。

寝室里只有你一个人,那生了锈的双人床显得太大了。你顺眼瞭了一下,一点睡意也没有,哼起了京剧《望江亭》。你的纸盒里有的是这方面的唱片,《望江亭》《杨门女将》,你都不止一次地听过。你喜欢它们,不仅是因为这是你从小就养成的习惯,而且更因为你在美国普渡大学留学时,它是民族和祖国的象征,是你漂泊在外浓浓的乡愁。你还想听黄梅戏,那优美的唱腔能唤起你对安徽出生地的深沉思念。你甚至还想下盘围棋,打打桥牌和"双抠"——一种流行于核武器研究院的扑克玩法,被戏称为"院牌",具体发明者不详。

那晚,你兴致勃勃地拿出了舒伯特的《未完成交响曲》,你将唱片放到唱机上,合上电闸,一股娓娓的旋律便流了来,在长卿山脚的"两弹城"轻轻回荡……

未完成交响曲,它是那样美,那样动人。你想着山野,想着永远也消灭不了的生命主题,想着李白笔下瑰玮绚烂的伟大诗篇。你精神振奋便走到办公桌前,打开了抽屉,想写点什么,却立刻被抽屉内的那叠纸片吸引住了。

……2000年,圣诞之夜,美国太空司令部,巨幅电子显示屏上,大批洲际导弹正向美国袭来……十万火急……瞬间,一场决定世界命运的大战开始了……

——这是某杂志上描绘的未来战争的一幕。

你凝神看着,思想着,你看过一部描写未来战争的电影"翌日",你也知道核冬天的理论。

"这是可能的……可能!"

你眉头紧锁,喃喃自语。早已撇开了那飘逸的旋律。科学家特有的对祖国民族、对人类未来的忧虑袭上心头。此刻,你想得很多。你想起了祖国屈辱的近代史，想起了研制原子弹、氢弹时的困难、艰辛。

你知道，科学家的预言往往就是未来的现实。当原子弹还只在科学家的幻梦中存在的时候，就已经构成了一种威胁。

很多年前，当那位带着预想和设计的科学家走进拿破仑的办公室，企图无偿奉献他威力无比的船去征服英国时，骄横的拿破仑置若罔闻，结果抱憾终生。

你的忧心是有道理的。你想着，终于从办公桌上直起了身子，不由得挥了挥手。你的眼前，立刻浮现出第一颗原子弹爆炸前的场景，宽广无垠的试验场，黄澄澄的戈壁上，一百多米高的试验铁塔巍然屹立，光怪陆离的效应物整齐地排列着，宁静的夕阳正缓缓地退下，一切都静穆了，夜幕降临，它们在等待着黎明后新的爆发。

七月的南方，游弋的雨云覆盖了蓝天，星星隐没了，闪电在经历了阵阵和缓的闪击之后，突然变得猛烈，雷雨倾顶而来，哗啦啦地打着窗外的老槐树。

停电了，《未完成交响曲》大概就是这时停止转动的。新的一天在不知不觉中开始了。

明天……明天……

你站在窗前，凝视着窗外，眺望着远方。你想透过这迷人的雨夜看到明天，看到未来，看到宇宙的边际。

你囵囵地横在床上，终于睡去。你睡着时脸上露出的微笑，是纯净的，你的梦被各种数据推演缠绕。天不久便亮了，你及时感受到白昼的来临，翻身起床。简单洗漱后即叫醒了警卫员。你摇了摇饼干盒，空空的，只得到食堂喝了碗稀饭，便匆匆上路了。

雨未停，只是没了昨夜的暴烈，变得柔情和缠绵了。你低头走进雨中，那把绿伞虽大，却没法遮住你魁梧的躯体。雨轻轻地抚摸着你，你却没有感受到这是永久的离别。汽车启动了。当它悄然地越过湿漉漉的厂区的时候,你心情平静,竟然一点惜别之情也没有。因为你要回来,因为你从来也没想离去。

你就这样走了。谁也没有想到,你这一去便不能回来。

沙漠中的船

望着橱柜里洗得发白的衣裤,望着眼前那几个空空的饼干盒和半块干硬的面包,我像隔着很远的距离望着你漂浮在虚空里的身影,惘然惆怅,却不知该从什么路上向你奔去,将你追回。

我们寻觅着,企图厘清你归去来辞的路径。

你是一只骆驼,一只在沙漠中不知疲倦地艰难跋涉、负重前行的骆驼。你又像一名疯狂奔跑的旗手,你的帆高扬在黄澄澄的大漠中。从安徽启程,途经北平,辗转西南联大,远赴重洋,在昏暗迷茫中寻觅,你终于寻到了——自己的坐标。向着火红的地平线,你顽强而固执地驰骋,为着插上一棵绿树,为着更多的绿树覆盖沙漠,荫及后人……

你走得太累、太累了。你脸上的皱纹已经变得很沉重,你渐白的头发总刺着我们后辈的心。你毕竟不年轻了,毕竟六十二岁了,你应该歇息,养养你的身体。你没见营养学家的警告吗?要注意营养,注意休息,注意身体内部的"收支"平衡。可你不在乎。你过于自信,相信你的身体既然是你的便不会"背叛"你,可你实在是错了。就在你充满自信地向人保证"没问题""能行"的时候,你的身体却在不知不觉中出现着愈来愈大的"赤字",不知何时侵入你身体的病菌,如核能在产生聚变、裂变。

"两弹"研制时,你还年轻,三十多岁,在青藏高原,在沙漠腹地,啃青稞馍,喝苦涩的水,超负荷、高效率,吃的是草挤出的是奶、血。那时你可以满不在乎。以后的日子,虽然不再啃青稞馍,但成年累

邓稼先：知识分子的榜样

月地东奔西忙，几乎一辈子都过着吃食堂啃面包、嚼饼干的日子。你难道不知道饼干太硬对肠胃没有好处？不知道生理机能犹如机器需要正常的维修和保养？你的身躯诚然魁梧，却不见得健康。你太马虎和大意了，在你紧张、高兴或见着生人便满头大汗的时候，你的身体便在提醒和警告你了。

你以为患的是痔疮，这是知识分子的常见病。以前的检查一直是这样的结论。因为是常见，也就用不着惊慌。你相信这个结论，即便是拉血你也仍然相信这不是什么大病。那次紧张的试验，你昏倒在试验场上，太阳照着沙砾，好热好烫。同志们抱起你，焦急地想把你抬离现场，可你坚决不肯。你说："没什么大病，不会倒下。"你的确站了起来，并且和一位女工程师争着去插雷管。那是核试验最关键也最危险的环节。你坚决不让女工程师去。你说："你们还年轻，你们不能……"女工程师急了，便说："我们的事业不能没有你，你不能去！"你也急了，便拿出了院长的权威，说："我是院长，得听我的命令！"这大概是你第一次也是唯一的一次用权威压人。大概也只有在这时，你才承认自己老了。而在承认时，你的心里却是不甘愿的。结果你赢了。那女工程师激动得直想哭：我们的老院长啊！

作为几十年在这条战线上心甘情愿地献青春、献终身的你，是不愿意自己倒下的。使命驱使，你的工作和你选择的坐标不可能使你停下休息，去体验你并非不想体验的人生乐趣。你希望自己健康。在紧张的间隙，你便按照痔疮这个不准确的医疗结论去找药方，还托人到国外买来了人造肛门……

然而你想得实在太简单了。

直到1985年7月28日，你告别研究院回到北京，还不想花更多的时间去看病。当你平静地和警卫员谈笑着走进解放军301总医院的时候，你绝对没有想到：你再也不能回到你的研究院了。在一间普通的病房

"踏遍戈壁共草原" "群力奋战君当先"

里,你感到了有生以来从未有过的宁静和寂寞。你并未意识到问题的严重,亦不知道自己患的是直肠癌。你还想起来,想着第二次创业和再现黄金时代。

患直肠癌的消息很快传开。从北京到研究院,很多人都在为你担忧。你像一颗埋藏地下多年的金子,显示了你的价值和光辉,自上而下,人们都在想法挽救你的生命。国防部长张爱萍亲临你的病房,像老朋友似的握住你的手,共忆当年创业时的情景,并亲自组织协调你的治疗。三次手术,三次都守候在手术室外,直等到你从手术室被推出来。

终于,你的名字出现在报刊电视上。仿佛从天而降,邓稼先的名字和事迹炸响在共和国的土地上,由内而外,迅速传播,让世人惊诧、震撼。

你的女儿典典是位活泼可爱的姑娘。你和你的妻子为了事业而常常顾不上照看他们姐弟。在那寒风呼啸的夜晚,他们姐弟被锁在家门外,相依相偎,蜷缩在墙边,饿着肚子,多少次等你们深夜归来……

现在典典已在美国留学,还时常想着父亲。那次在试验间隙冒着弥漫的风沙坐着马车去看她的情景,想着父亲从那件发白的蓝大衣中取出罐头,打开送到她面前的歉意目光。那嗒嗒的马蹄声和风沙的凄厉哮鸣,仿佛还萦绕在她耳边。你是一个核科学家,又在努力尽着父亲的天职。女儿不怨怪父亲和母亲,她理解你们的事业。但她怎么也不能接受这样的现实,不能接受同学们见报后做出的种种猜测。不可能,不可能!你的身体那么魁梧健壮,你的精神那么昂扬充沛,你还答应给她买一个洋娃娃呢。

典典紧张地跑到大使馆。她伤心地哭了,面对东方,面对可能见到父亲的方向。

父亲——我的父亲呵!

邓稼先：知识分子的榜样

里程碑

对你，人们一定有过很多假设。然而，真正的路不能建立在过多的假设上。我知道，你在听《未完成交响曲》时，心里是踏实的、愉快的。你不会因别人的假设而后悔，如果可能，你还会选择原来的路，这是你人格的价值和光辉所在。而这，却正是我们所需要的。

1964年10月16日。

历史永远记下了这个日子，但没有显示你们的名字。你满不在乎，似乎天生就不是为了这个。这光彩夺目的里程碑，当你开始走向它的时候，它还是一个朦胧而遥远的未知数，高不可及。当你毅然踏上自己的国土，你或许对未来有过许多预想，但绝不可能想到彼时的路。

服从了国家的需要，你便隐没了，然而你完全可能升起。几十年的秘密历程，甚至对亲人也不能说出你的真实工作，在相当长的时间里，你工作的单位只是一个信箱号，谁也不知道在哪里。

妻子、母亲都不知道你是干什么的，同学和朋友也不知道你是干什么的，当时虽然身在北京，近在咫尺，却不能相见相知。这种隐没，对于那些一生都追求着"显露"和"表现"的人，不堪设想。这是需要顽强的精神和意志的，可你们，却坚持了下来，忘掉自我。当和你一起回国的朋友对你谈论他人的成功时，你总是付之一笑；当朋友问及你的事业时，你总是不置可否。谁都知道你和杨振宁是童年的伙伴，大学的同窗，很多人至今还记得西南联大理工科的两个"尖子"。那次，杨振宁回国到你家吃饺子，谈起美国人关于中国发展核能事业的一些传闻，你只说了一句："原子弹是中国人搞的。"心里十分自豪。

你的价值，不是建立在别人承认的基础上的，而是对国家民族的无限忠诚。

"踏遍戈壁共草原""群力奋战君当先"

当惊天动地的声音即将响起在中国天空的时候,你接到了母亲病危的电报。你深深地充满歉疚地爱着母亲,很担心这是最后一次见面机会。但你又不能回去,那第一声惊雷的轰鸣需要你的果断指挥。

试验成功后,你回到北京,见到那么多的人在抢"号外",兴高采烈。你很自豪,也很满足。你手里握着一张"号外",站在病危的母亲面前,使劲挥动着报纸,激动地说"成功了!成功了!"但你没说"我们",不会说也不能说,你只能以这种方式表达你的激动,可已经不能说话的母亲呆呆地望着你,似乎不明白你呼喊成功和挥动"号外"的意思。你意识过来,慌忙跪下,紧紧地抓住母亲的手,内疚地把脸贴到她的手上。母亲眼泪汪汪,你也眼泪汪汪。母亲最后看了看你,安然地合上了眼睛。

直到最后,母亲还不知道儿子是干什么的。你是多么想告诉她啊!告诉她你们正在进行着辉煌而神圣的事业,你是这次事业的一个重要的组织领导者,你没有辜负母亲的期望,儿子无愧于母亲的养育。你甚至想告诉她原子弹爆炸那瞬间多么壮丽,比一千个太阳还亮。你想让母亲笑一笑,然后闭上眼睛欣慰地告别人间。但你没有,此时此刻,你们严格地恪守着你走进秘密历程时

▲ 邓稼先穿过的中山服。　　侯艺兵摄

邓稼先：知识分子的**榜样**

的保密宣誓。

现在，你也躺在医院了。当人们在竭力推延你的生命的时候，你却仍未从院长的角色中超脱出来。你太专注于自己的角色，以至于忘我。虽然浓烈的福尔马林气息，医生的白大褂，头上的输液瓶一直在环绕着你，但你仍有种恍若在岗位的感觉。黄澄澄的沙漠、白雪覆盖的高原、阴霾的山沟不但不影响你的心情，却使你产生诗意般的幻觉和旺盛的生命欲望。

但是，记者们的蜂拥而至，领导人的频繁探访……不能不使你意识到："完了，我将再也不能起床了。"

你感到异常的痛苦和绝望，这种痛苦使你更多地想着几千里之外的岗位。那是你的家，你一生的大好年华都在那里度过。

"老家来人啦！"

警卫员激动地抓起电话。闷热的天气里，你立刻感到凉风习习。是的，老家！人们都这么说，这是核能研究院的代称，多么亲切！你已经快一年没回去了，总想着不久便会回去。你还有好多事情要做，你多希望感受老家的气息呵！

你挣扎着，不顾医生、妻子和警卫员的劝阻，拖着虚弱的身体，夹着导尿瓶从病床上坐起，换上干净整洁的衣服，在警卫员和妻子的搀扶下走着。你走得很累、很沉重，可你站在住院部大门口时，却显得很有精神。

"老家人"来了，带着"老家"无数颗探望你的心，关切地站在你面前，心里怎么也控制不住激动的颤抖，眼泪直往心里流。

"老院长！……"

他们上前扶住你时，声音却喑哑了。

可你却极力忍受着身体的苦痛，笑笑："下次再这样叫，我可要搞你两拳了呵！"

追忆 "踏遍戈壁共草原" "群力奋战君当先"

心之旗

当太阳升起的时候,天安门走出一队升旗的士兵。雾正朦胧,国旗在雾中猎猎地飘扬。你忘不了这情景,我也忘不了这一情景。心之旗在蓝空中高扬。

病房的生活是寂寞难熬的。在奔波忙碌中度过了一生大好年华的你,突然被置身于这样的环境,你的心情可以理解。外界的一切在想象中充分展示出它特有的魅力,那样强烈地吸引着你,使你愈来愈不满足于阳台和医院小径的散步了。

1985年国庆,你住进医院快三个月,刚动过手术,你便再也按捺不住了。"去看看北京。"你对警卫员说。警卫员开始死活不让,但后来见你那样焦躁不安,便同意了。瞒着医生、护士,你们溜出了医院。

北京的秋天是美丽动人的。虽然你家在北京,但真要你说说北京秋天到底美在什么地方,你却很难。你没有那么多闲暇去体验北京的秋色。每次回来,你都是匆匆而来,匆匆而去。

今天,迷人的秋色加上到处洋溢着的国庆气氛,使北京显得更美了。你觉得这是你见到的最美的北京。像第一次到北京的小孩,你那样入神,那样兴致勃勃,既激动又惶惑。

坐着公共汽车到王府井,一路上谁也不认识你,谁也没注意到你身上挂着输尿瓶,谁也不会给你让座,是警卫员将你"抱着"的。在人们眼里,你只是一个极普通的人,甚至土里土气。

热闹的王府井大街,彩旗飘舞,熙熙攘攘的人群川流不息。你没有去光顾琳琅满目的商店,径直走进新华书店。你立刻获得了一种充实。在书的特殊氛围中,你暂时忘记了隐隐痛着的伤口。

你首先买了本英语书作为礼物,亲切地送到警卫员手上,然后便入迷地翻阅着一本新技术书籍。喧嚣而嘈杂的声音便再也钻不进你耳朵了。这是你长期养成的习惯，闹中取静，在汽车里、饭桌边、飞机上、试验场……只要你愿意，便能立刻达到目的。你全然忘了自己的处境，仿佛你正坐在几千里之外的办公室，直到你情不自禁，伸过手想取笔筒里的笔，方回醒过来。

一进书店，便是一个多小时。

"回去吧，医生要查房了。"警卫员提醒你。

"待会儿，还没去天安门呢。"你恋恋不舍。

走在宽阔的长安大街，你对外界的依恋之情愈加强烈。豪华而高节奏的城市景观，使你不由得流露出怅然若失的情绪。你仿佛产生了最后一次的预感。有好几次，你都停了下来，莫名其妙地东张西望，像听到了什么声音，又像在寻找什么。这感觉对你熟悉而陌生。记得1950年你从国外归来，正值国庆一周年，你第一次见到共和国的旗帜时，是在早晨升旗的时候。晨雾下，一列士兵护着旗走出天安门，那时你激动的心情是多么难以形容呵！

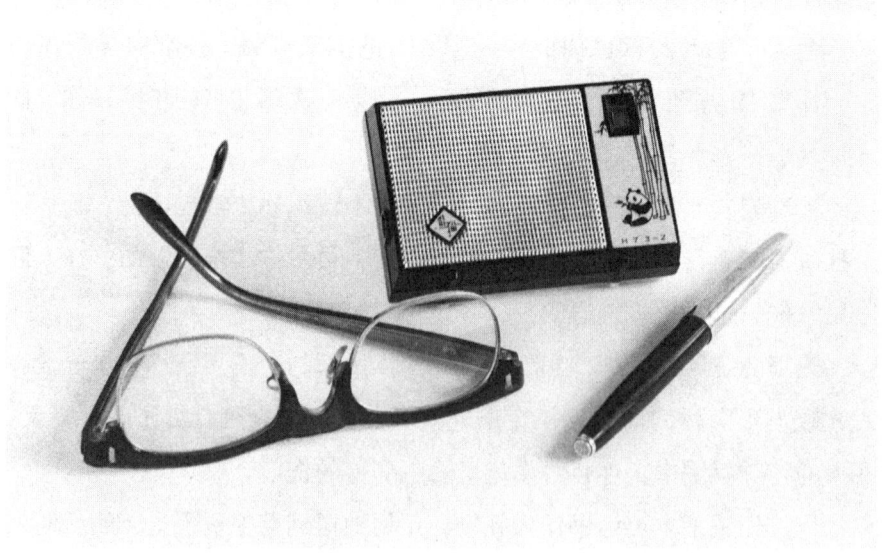

▲ 邓稼先用过的眼镜、钢笔和半导体收音机。　　　　　　　　　　　　　侯艺兵摄

没想到这样快就过去了几十年,没想到你再次走上这条路时是这般心境;更没想到这会是最后一次。

"你……能行吗!"将到天安门,你停了下来。看见飘扬的国旗了。你远远地看,又近近地看,你要看个够。你知道这样的机会对你不会太多。

"能行!你不知道今天是国庆?"

你回答警卫员,精神抖擞。你要向你的后辈做出榜样,在国旗面前,每一个人都不能懦弱。

走到天安门广场,走到国旗下。你怀着和第一次赶来看国旗的人一样的心情,仰望高扬于蓝空的旗帜,虔诚而激动,心中的音乐奏起了。

望着国旗,你的灵魂得到升华;

望着国旗,你对未来饱含渴望。

"建国一百周年时,你都八十四岁了。那时我们国家富强了,你可一定要来看我呀!"你对警卫员说,也对我们后辈说。

"嗯。一定……一定要来看你!"警卫员深深地点着头,恨不得放声号哭。

这是你最后一次见到国旗,也是你度过的最后一个国庆。我们深信,建国一百周年时,警卫员一定会信守诺言,来到北京,来到国旗下看你的。他会对你的在天之灵说:"邓院长,我来看你来了。"

可邓院长,你在哪里呢?

最后一个生日

知道终要离去,你便对世界充满歉疚。在你诞辰的日子,你的目光强烈地打动着我,照亮了我心灵的每一个角落,催我沉思、反省。

清晨,总是美好的。

邓稼先：知识分子的榜样

1986年6月25日，当太阳即将升起的时刻，你虽然躺在病床上，疼痛难忍，但你仍有一种异样的美好感觉，使你对过去和现在都充满了无尽的依恋。想着展示你生命和价值的几十年，即使是在灰暗的日子，存在于你心中的太阳也没有落过。可现在，当太阳即将升起的时候，你却不能不想到太阳的落下了。你甚至有种一生如一日的痛苦、悲哀和怅惘的感觉。

今天是你62岁生日。这大概是你走进"秘密历程"后的唯一一次平静的生日吧！而在你走进医院前，远离妻儿独自一人在"老家"的时候，你是很少记起这个日子的。你总是在幡然顿悟中发现生日早已过去了。

此刻，你的眼睛微闭着。你没有睡。近来你的睡眠愈来愈不行了，剧烈的疼痛使你无法安睡，即使服麻醉药也不行了。可你却装得很安然的样子，在妻子面前，你很少呻吟，你不能再让妻子担心了。

"稼先！稼先！"

妻子做好了你爱吃的刀削面端到你面前，轻轻地唤你，唯恐惊扰了你。

你缓缓地睁开眼睛，凝视着妻子，苦涩而内疚地笑笑："希希，刚才我做了个梦，我回老家了。"

一股深沉的内疚冲击着妻子，泪水禁不住充盈着她有些红肿的眼眶。自从你住院以来，许鹿希教授几乎放弃了她的工作，一直陪伴在你的身边。这是她一辈子陪伴丈夫最多的时间。作为医学院的教授，她是懂得这时间的分量和含义的。她提心吊胆地陪伴着你，每当她看着你疲倦地睡去而被苦痛扭曲的脸时，她都禁不住落泪，甚至背着你走到门外的过道上痛哭一场。她既怕你睡不好觉，又怕你睡着了再不会醒来。妻子此时的心，有多少人能理解啊！

望着你，妻子想起了那位年轻而潇洒的助教，想起了那位西装革履的大个子。从美国回来,你在北大任助教。她曾经做过你的学生。没忘记吧? 鹿希想着,全身颤抖,嘴唇不由得嗫嚅起来。

"回家,这是真的。"

她沉沉地点着头,像当年对你的许诺。然后夹起一块刀削面,吹了吹,送到你嘴边。

你也泪眼盈盈,虽然你一点也没法咽下,但你还是装作吃得津津有味,你不能再让妻子伤心。

"这大概是我的最后一个生日了。"

你惶惶地想。生命的因子正在一个一个消失,你的生命只能靠输血来维持了。

远在千里之外,有好多青年都想来看你。我们知道,我们心隔着距离,却正在贴近。

我终于如愿以偿,诚惶诚恐地走进了你的病房。你怎么可能记起我呢? 怎么可能记起一个小不点呢? 我想着,你却记起了。"院办小刘。"你清清楚楚,明明白白,纯然不像病危的样子,甚至你的声音也仍像过去一样洪亮。要不是看你躺着,要不是见你脚上插着输血管,我真不会相信你病着。我们坐在你的床前,向你汇报我们正在创作一个剧本,暂名《太阳的丰碑》,谈了我们是怀着如何的心情反映"两弹"创业史的,谈了我们的剧本里有你的原型,我们还想谈得更多……但我们停住了。

我们虽然有好多话要说,但不得不起身告辞。我们本想和你合个影,作为纪念——也许是最后的纪念。但你穿着病号服,脚上插着输血管,不能起身。你不愿让你病号的形象留在我们心中,你坚持说下次再来,等你病好了选一个好的地方,你要穿上那件中山服,显得整齐、有精神。摄影师老王不忍心这样离去,坚持要你和夫人照一张。你同意了。你挣扎着半躺在床上,你的夫人靠着你,你靠着夫人,并且尽量把头向她偏着，贴近她。你望着镜头，竭力做出笑着的样子。这是一张什么样的照片呵！每当我想起它，看见它，心里便有一种说不出的悸颤。它冲击着我，震慑着我，使我难以忘怀。

太阳下的永别

我局促不安地想着你离别人间的时刻，当太阳最后一次在你眼前升起，是那样的火红火红。我多想用我的生命换回你的生命呵！可惜现代医学技术虽然能够置换人的心脏，却没法置换人的生命。为了挽救你的生命，共和国几乎调动了最强的医疗力量。但是，终未能把你从死亡线上拉回来。

此时，无论是你，还是别人都已意识到你的处境。医院已下了病危通知。但你仍不甘心，仍在搏斗。在波涛汹涌的海中，坚实的岸正在愈来愈远地离你而去。你总没有完全失去信心。你开始是想靠向岸，重新爬上陆地；后来，你知道不行，便想看岸。你一次一次地爬上潮头，愈来愈远地望着，想着。你似乎显得很平静，甚至平静地对前来探望你的"老家人"谈到回院的计划日期：夏天；不，秋天；不，春天……你知道这不可能，但你一次一次地重复着，似乎病危的不是你，而是别人。你总在增强别人的信心。你那样强烈地留恋人世，甚至希望回院一次。但是你已经开始向世界告别了，随时随刻，当领导、同事、朋友和亲人来看你的时候，都可能是最后一次。

62岁过去了，你意识到，再熬过一年是不可能了。除了一日甚似一日的疼痛外，你明显地感到体力不支，身体虚弱得不行，你那曾经签署过原子弹研制理论设计计划的手也不那么听使唤了。觉睡不好，而且常常伴着一些莫名其妙的噩梦和幻觉，使你恍若离世。

追忆 "踏遍戈壁共草原" "群力奋战君当先"

▲ 1984年10月，邓稼先举杯给大家祝酒。　　　　　　　　　　　　　　侯艺兵摄

　　7月17日，当你知道李鹏副总理要来探望你时，你异常激动。为了尽量保持精神，你输了血、用了加倍的止痛药，穿上了那件发白却洁净的灰色中山装，你忍着憋尿痛苦和伤口的剧痛在妻子的扶持下艰难地走到桌边，用颤抖的手写好了发言稿，然后端正地站到床边，恭候李副总理的光临。下午三点多钟，李副总理带着国务院秘书长罗干等同志来了。他先问候了你的身体，接着便颂扬你的功绩。你仿佛在听着一个陌生的故事。那故事的主人公是普渡大学的博士，回国后参加了原子弹、氢弹的研制工作，作出了重大贡献，是我国核武器的理论研究工作的奠基者、开拓者之一，也是我国研制核武器的重要组织领导者，中国科学院学部委员，第十二届中央委员，国防科工委及核工业部科技委副主任、中国核武器研究院院长。

　　一块金牌挂在你的胸前。你看着，似乎不明白是怎么回事。

邓稼先：知识分子的榜样

全国劳动模范奖章！谁的？！你四下不安地瞧着，突然明白了这奖牌原来是给你的，那故事的主人公也是你。于是你慌了，像那次庆祝第一颗原子弹爆炸成功20周年，你陪着上级领导站在主席台上一样，手足无措，诚惶诚恐而又虚汗淋漓。

"核事业是成千上万人的努力才取得成功的，我只不过做了一点应该做的工作。"

你似乎在澄清一个事实。你简短地回顾了当初创业时的情景，它是那样亲切，又是那样遥远。你不甘心这样，你仍表示要继续拼搏，争取早日恢复健康。这是你留给我们的最后声音和文字。在这涌动着顽强生命意识的声音和文字中，我似乎见到了你的身影，你走过的道路和轨迹。

生命的终点已经临近，你的病情已无法控制，到后来，你连白天黑夜也分不清了。

7月28日，是你住进医院的周年纪念日。这纪念对你来说是太冷酷了。昏厥状态的你睁开了眼睛，苍白瘦削的脸绽出了红晕。一切都似乎恢复了正常，你甚至冷静地谈论着你死后的事。你希望死后能把骨灰送回家乡，和母亲葬在一起。我知道，你的灵魂一刻也没有离开过母亲，你过去、现在和将来都和母亲在一起。这正是你灵魂的崇高之处。那时，你眼睛睁得特大，你想把人间所有的一切都摄进眼底。你说你见到了一个巨大的太阳。你说你希望到阳光下去走走啊，那儿有生命、绿草和玩耍的儿童……

你娓娓地讲述着。这平淡的没有情节的故事，听来却那样动情和迷人。

沉寂，沉寂，然后是轻声的呼唤。

"希希！"

那声音多么遥远。

追忆 "踏遍戈壁共草原""群力奋战君当先"

猛地,许鹿希意识到了。"稼先!稼先!"她慌乱地叫着,紧抓住你的手,拽着、拉着,想把你从那个世界中拉回来。

然而你却再也不回来了。

几分钟前还存于你心中的喧闹顿时没有了,一切都静了下来。你从容而安详,睁着的眼睛显出从未有过的光彩,像在深情地凝望着什么。然而你眼前却是一片漆黑。刚才阳光还很炽热灿烂,转眼一切都没有了。下午1时50分,生命在最后凝固的瞬间里,鼓足了最后的力量爆发出一股强大的震颤,你的眼前出现了一个巨大的形象:母亲。弦,终于断了。你生命的故事将永远流传。整理着你的遗物,我的眼前总浮现你的身影;我的耳边总萦绕你的声音。我惶惶地在你屋里东找西寻,想悟出一些道理,寻觅两代人的道路、两代人的沟通。

我坐在你曾经坐过几十年的椅子上。你站在我面前,注视着我,向我述说着什么。我突然被一股巨大的热流催动,站起,走向那台沉默的唱机,庄严地合上了电闸。

顿时,《未完成的交响曲》骤起,浑厚的旋律高昂地充满了房间,波涛般向屋外奔涌;这旋律似乎变成了你的声音……

我惊呆了,仿佛见到许多青年,都站在你的身前,聆听你的教诲、嘱托……

 刘树模

中国工程物理研究院(九院)原院办秘书。

◊ 本文转载自核工业神剑文学艺术会编《科学家的足迹》,原子能出版社,1989年5月第一版。

邓稼先：知识分子的榜样

邓院长一抓到底

⊙ 杨绳祖

在我印象中，邓院长是个生活简朴，对工作十分认真、负责的领导。他平时对同志平易近人，考虑问题周到、细致。他对待工作十分严谨的态度，给我留下了深刻的印象。他每次布置生产任务都很严肃认真，其间会下到基层发现问题立刻彻底解决，一抓到底。这是他的一贯工作作风。

记得有一次国家下达了实验任务。车间工艺员设计的装配模具不合格，后来所里技术组又设计增加了五六套模具，一装配检查还是不合格，实验部又等着实验原件。邓院长那几天为了研究解决办法，急得是吃不下、睡不香，身体出现了严重问题，那天下午短短的一会儿时间上了很多次厕所。我们大家是看在眼里，急在心里，不由得为他身体而担心。我们车间在会议室召开了两三次会，但始终无果。

在最后的紧要关头，我给邓院长建议说："邓院长，要不这样吧，我手工调试装配，叫实验部进行试验，试验合格了，我们就继续手工调试装配，如果不合格，咱们再想别的办法。"听了我这句话，邓院长向我投来了信任的目光，他说："行，先试试看，你们技术员也想想看，还有其他办法没有。"

"踏遍戈壁共草原" "群力奋战君当先"

当天下午,我带了两个同志在车间进行原件手工调试装配。我们一面用仪表测量,一面用手工调试,用了半天时间,总算装配好了产品。第二天,刚刚上班,我们就把装配好的产品装车送往实验部进行试验,临走之前,邓院长说:"杨师傅,你今天就在车间等我的电话,那边一打炮,我就给你电话,合格了,你就继续装。不合格,咱们再想其他办法。"我握着邓院长的手说:"好!"

这天中午,别的同志都回家吃午饭了,我心里记着邓院长的嘱托,眼睛一直盯着电话机不敢离开。正在我焦急等待的时候,电话铃响了,我急忙拿起了电话,电话那头传来了邓院长激动的声音,他说道:"喂!喂!你是杨师傅吗?我是老邓啊,告诉你一个好消息,产品打得都很好,完全达到了技术要求,下午再装两发产品,晚上接着再装两发产品,现在来看,这次就只能靠你用手工调试完成任务了!"听到这里我十分激动和开心,感到自己付出的努力没有白费。我对邓院长说:"你放心!只要手工调试装配能合格,我保证按时完成任务!"邓院长在电话那头连着说了好几声谢谢。

这件事,我至今还记忆犹新。

就这样,这次国家试验任务由我们组的同志用手工代替模具来完成。这次任务的完成也深得院、所两级领导的好评。

在完成国家试验之后,邓院长来到我们装配组进行座谈。我记得他当时拿着一盒大中华烟,给我们组里的同志发着,他边发边说道:"你们在完成这次任务中,真的功不可没呀,你们解决和克服了技术人员都无法解决的关键问题,真是帮了我的大忙了,我感谢你们!你们也给我们今后的试验提供了非常宝贵的经验,这些都是我们的财富和金钥匙呀!技术人员今后要多向工人师傅学习实际经验,同时我们的工人师傅也要多学习技术人员的理论,要用理论水平来武装自己。技术员是理论工程师,你们是实际经验工程师,两个工程师相加,就是将来的理论实际相结合的真正的工程师,我们的事业就需要这样的人才。我就讲到这里,大家好好干!"

说真的,当时听了邓院长的一席话,我心里涌动着一种自豪感。我认为,他对我工作上的肯定,是任何物质奖励都无法比拟的,我相信我的同事们也是这种感觉。最后,我们大家齐声说:"谢谢邓院长的关心和鼓励!"

还有一件事,我的印象也是十分深刻。那次的情况是这样的:产品出厂,到基地进行试验,分解时各零件都要齐全,要经过一段时间的温度平衡,我们就开始进行产品零部件的检查,这时却发现居然少了一个"孔盖"。大家急坏了,找了很长时间也没找到,试验队的领导准备派飞机回厂去拿。在这紧急关头,我主动向邓院长请示说:"这个零件比较简单,只要能找到材料我就能把它做出来,这样就可以节省从四川到基地往返的人力财力花费。"邓院长一听,马上说:"材料我叫人给你找。"用了半天的时间,我终于做好了零件,当天晚上我们加班装好了产品,按时交付实验,顺利地保时、保安全地完成了这次任务。

虽然这次任务的完成对实验影响并不大,但我感触颇深:我认为我们要从中总结教训,认真挖掘出现问题的原因,对于没有责任心的同志一定要严肃批评教育,这样才能杜绝以后再发生类似的事件。

 杨绳祖

工人。哈尔滨技工学校毕业。1963年调到221厂实验部。后又到二分厂装配车间,1970年在九院某研究所任装配车间装配组长。1991年退休。

○ 本文转载自中国工程物理研究院党委宣传部、中国工程物理研究院公共事务管理部编《奋斗者:中国核武器研制者的老照片记忆》,四川人民出版社,2019年9月第一版。

"踏遍戈壁共草原" "群力奋战君当先"

亦师亦友邓稼先

⊙ 陈侠先

我有幸在九院理论部主任邓稼先的直接领导下,参加了从原子弹到氢弹的研究设计工作。他是我们的领导,但不准我们称他官衔,一定要大家称他老邓。他留美回国,为人没有架子,群众关系极好。核武器研制工作能顺利进行和他善于团结大家,在理论部营造自由、平等的学术气氛有很大关系。老邓能团结所有的学者,很好共事。

二机部副部长刘西尧在1966年开大会给大家作报告时说:"九院是二机部的龙头,而理论部则是九院的龙头。"可见他推崇理论部科研集体的作用。作为理论部主任,老邓功不可没。

在老邓的领导下,我们学大庆人的"三老四严"精神①。在理论部的学术会议上,大家不分地位高低,不管你是博士还是刚离开大学校门的毛孩子,大家只服从真理。热烈地自由讨论,平等地交换意见,切切实实地做到尊重科学、尊重知识,形成了一个学术民主、作风踏实、思想活跃的团结的战斗集体。

---

① "三老四严"是在大庆油田会战实践中形成的一种优良作风,三老指对待革命事业要当老实人、说老实话、办老实事,四严指干革命工作要有严格的要求、严密的组织、严肃的态度、严明的纪律。

尤其难忘的是在20世纪60年代初经济困难时期，尽管忍饥挨饿，但每天晚上办公楼总是灯火辉煌，人人在孜孜不倦地学习、研究、计算和分析思考，到晚上10点钟以后，老邓还到各办公室催促大家回宿舍休息。

我是1961年到九所报到参加工作的。老邓告诉我们，在1959年6月，苏联撕毁协议，撤走了专家，不再帮助中国搞原子弹和导弹工程。为此，我们把第一颗原子弹的代号称为"596"。老邓称苏联专家是"哑巴和尚"。因为他们来九所后除了开出一批书目外，一声不吭，对我方提问不予回答，等于请了和尚却不念经。据说，他们临行前，在本子上写"没有我们，他们20年也搞不成！"。老邓以此教育我们，要自力更生，发愤图强。

老邓号召我们，搞研究不能"照狐狸画猫"。成语本来是照葫芦画瓢。他那么一改，引得大家笑起来。老邓马上改口说，"哦，是照猫画狐狸"。他这一改，倒也顺口。主要使我们知道独立思考，多动脑子。老邓有个口头禅，喜欢把"因此"和"所以"连在一起讲，变成了"因此所以"，或者"所以因此"，不知不觉中我们有时也会学他这么讲。

法国第一颗原子弹在1960年爆炸，我国则在1964年。探索氢弹时，老邓在动员大会上引用毛主席的诗词"雄关漫道真如铁，而今迈步从头越"。号召大家，一定要赶在法国人的前面爆炸我国的氢弹。到1967年初，九院分成对立的两派，但在老邓的主持下，大家都能坐下来讨论氢弹的总体设计方案。我国终于在1967年6月17日成功爆炸了氢弹，走在法国的前面。

我们在中科院上海华东计算技术研究所算题时，老邓也来检查工作。休息时，别人下围棋，他也来凑热闹。围观者都帮他，我输了当然不服气，他就叫大家别吱声。眼看我胜券在握，他却要求悔子。这可是关键一步!我不同意,他却说:"我只悔这一步。"最后他赢了,他哈哈一笑说:"这盘棋不算,因为我悔了棋。"

在华东所完成任务后,本想由上海乘船去大连一游,然后返京。老邓知道了,前来劝我说:"不能坐船到大连。"我问:"为什么?"他说:"按规定,不能经过公海。"我沉默不语。他接着说,"实在要去,就坐火车去。"我告诉他:"火车票价比船价贵得多,我没钱!"不料他眼睛看着我,极其诚恳地说:"钱,我给你。"我怎么能要他的钱呢!于是,只得放弃大连之行。

1969年秋,我妻子从湘潭来信说身怀死胎,我只能请求调离,老邓闻讯后,前来劝我说:"别走,我批你两个月假去处理。"在当时情景下,我只能恳求他放行。末了,他叹了口气。那种挽留的神态,使我永生难忘。

1971年夏天,我从湘潭到北京出差,和刘文诚、贺贤土一起在西单一家饭馆吃饭,正好碰到老邓,邀他入席,他又另添了"水晶肉"(白切冷冻肉)。他问我:"过得怎么样?"我告诉他在湘潭的情况。老邓听了,对我讲:"不管怎样,你夫妻团聚了,是不是?"我说:"这还得感谢你。"他接着说:"可是你看我,我在四川,许鹿希在'五七干校',女儿在内蒙古上山下乡,儿

▲1967年2月6日,九院理论部主任邓稼先在抓革命促生产誓师大会上讲出了理论部全体同志的共同声音:"我们一定要抢在法国前面爆炸中国的氢弹。"

九所提供

子在北京,一家4口人,在4个地方。哎!"当时,那份苦涩之情,至今犹有印象!这是我最后一次见到老邓。

 陈侠先

宝钢教培中心副教授。曾在北京应用物理与计算数学研究所工作。

追忆 "踏遍戈壁共草原" "群力奋战君当先"

党员的风范,科学家的榜样

⊙ 游泽华

邓稼先出身于书香门第,祖先都是爱国人士,受祖训,一生爱国。国外求学时心系国家,学成立志回国报效,不问条件和生活,国家再穷也是我们的家。

▲1984年,邓稼先在四川梓潼九院院部办公室。

黄维民、周秀娟摄

邓稼先：知识分子的榜样

邓稼先在知识界是一个活泼朴实、善良忠厚的人，不懂就问。工作中总结不同意见，和同事们谈得来，所以国家把这个担子交给他。他善于凝聚人心，同事们都很喜欢他。他做事认真仔细，每遇问题，不管再累、结果如何，他都要弄个明白。讨论起工作来精神十足，同事们总说邓院长爱钻牛角尖。每个试验成功后，他特别高兴，就要请客吃饭。他的业余时间要么打乒乓球，要么就是下围棋，但是那也很少很少。

下面我来为大家讲一讲他鲜为人知的几件小事。

记得有一次天气很冷，为了准备一个会议和一次试验任务安排邓院长工作到深夜，他还叫我到院办公室拿资料。我说："邓院长，你实在是太累了，明天再拿来吧！"他却和我急了起来："明天还有明天的事情，你拿来我先看看总是好的！"还有一次是在1984年初夏的一天，那时要到北京去开会，可是前几天邓院长的痔疮犯了，我劝他生病就不要去北京开会了，他说：那不行，会议很重要！会后还要去山西的25基地。他让我去医院给他拿点药就行了。我给他拿了一点消炎药和外用药，再带了一个座垫圈，我想这样总要好一些。北京开会两天，会后是开车去的基地，同行的还有当时的中国科协书记高潮、科委三局主任倪廷裕。邓院长坐了几个小时的车，下车后都是晚上7点多了，邓院长很难受。第二天他还照常开会。会后基地领导带领邓院长一行到五台山去玩。邓院长下车后没走多远就走不动了。他说："小游，我下一次还有机会来吗？"我说："有。"

邓院长一生工作不计较个人得失，在那个年代工作就是他最大快乐，包括杨振宁都以为是国家给了他好多好多钱。他生活非常简单，只要能填饱肚子就行，不讲究。他穿着也很朴素，一年四季各两套，只要能换洗就行了。单位住的房里，只有书最多，还有就是常备零食——饼干，有时加班饿了就吃几块。邓院长没有什么家庭观念。在儿女印象中，父亲就只知道工作，没别的。除了开会一家人见过面，就没听他说过一次休假的事。有一次，儿子给爸爸说想调一个工作岗位，邓院长当时就说："有工作就行，把工作干好。"邓院长买了很多专业书籍，我说：邓院长，您的工资就那些，专业书籍可以找单位报销。他说："那是我需要的，不报销。"同事之间只要是在北京开会，就很爱开邓院长的玩笑，让邓院长请客吃饭，请吃饺子、包子、北京最有名的小吃，当时5元钱一两。要是身上没钱了，就到他岳父那里（我陪同去了两次），岳父问他："稼先你是不是没有钱了？"邓院长只是笑一笑。

邓院长在梓潼十多年间，试验任务取得重大成果。根据国际核协议，中国同意从1996年7月30日起暂停核试验。每当任务完成，我看得出来邓院长心里就特别高兴。（他有一张照片就是核武器小型化的手势，那是在机关2楼会议室里拍的）

在老一辈知识分子中，邓稼先和那个时代的科学家一样，用学识和行动报效祖国。他知道只有有了这个东西，别人才不敢欺负我们。他们那一代科学家在祖国最艰难的时候，为我们的核武器事业作出了重大贡献，是大国的力量，在国际上说得上话，直得起腰。可是邓院长累病了，腰杆累弯了。

邓院长一生拼命工作，重要的工作总是要到第一线。生活简朴、没有规律、吃饭不讲究，上厕所时要么

▲ 1986年3月，新华社记者顾迈南在301医院采访邓稼先。

新华社记者王辉摄

邓稼先：知识分子的**榜样**

拿一份文件，要么就是书，每次到卫生间就是半小时左右。1985年底在北京开会期间上厕所蹲了半个多小时没出来，同事去喊他，发现大便带血就送他去301医院检查。到医院1986年底至1987年不到一年期间三次手术。第一次活检，第二次切除直肠、肛改道，邓院长太难受了。第二次手术是四月份，术后病情稍微稳定，他就对我说："小游，我想回四川。"当时邓院长心情很沉重，眼泪都出来了。我说："等病好了，我们就回去。"这事我给单位领导说了。他经常问我："有没有人来北京，来了一定要来看我啊！"只要病情稳定一些，医生都要建议回家休息几天，可是在家里待不住。他不愿麻烦司机送他到新华书店，就带上一个座垫圈坐公交。在新华书店，累时就休息一下，然后到小食店吃点饭，后又坐公交车到天安门广场。坐下来休息，看着飘扬的五星红旗，邓院长就对我说："再过20年，我们的国家会更好。到那时你一定要来看我！"

1986年5月份，邓院长的病情逐渐加重。听说国家领导人要来看他，授予邓院长全国劳动模范称号，家里还专门做了一套中山装。总理见他时，他从病床上下来也不知道说什么好，只是连声说："谢谢。"总理说："保养好身体，中央领导都很关心你。"对邓院长的病情，5月17日，邓小平向国防科工委指示，要想尽一切办法给邓稼先治病。一天深夜，我和负责邓院长的刘医生在国防科工委向美国大使馆去电话，要求询问给美国总统里根治直肠癌那种新药。没过几天药回来，因邓院长的身体很差，没有用上（因为药物是试验性的，并没有推广应用）。

杨振宁知道邓院长生病的消息专程回来看他，一见面两人拥抱在一起，激动不已，还在病房的阳台一起合影留念。中午邓院长一家及陪同人员和杨老一起在北京饭店吃饭，杨老说："稼先，我专门从美国给你带回来两瓶好酒，等你身体好了，我们一起喝酒。"当时邓院长也忘记了病情，场面高兴、热烈。

追忆 "踏遍戈壁共草原" "群力奋战君当先"

▲ 1986年6月,杨振宁到301医院看望邓稼先并在凉台合影。　　新华社记者王辉摄

邓院长在病重期间也没忘记工作,他和于敏提议给中央写信,关于中国核武器发展方向的建议。邓院长为了写这份建议书把小桌放在病床上,写累了就躺下休息一会儿,反复写了多少次,在这种情况下只能靠打止痛针来缓解,我看到特别难受,只要有单位同事来看他,他的精神就要好一些。

2017年3月清明节前,杨振宁老先生和胡思得院长来梓潼看邓院长的故居,感慨地说:"了不起,在那个年代能把这个东西搞出来,不简单。"当时杨老就问我:"你跟邓稼先几年,你感觉邓院长是一个什么样的人?"我说:"邓院长工作很忙,生活朴素,对人很好。"杨老接着说:"他对朋友同事很真诚,没有私心。"胡院长给杨老说起邓院长的病情,一是工作原因,二是生活原因,和邓院长的身体有很大关系。

老一辈的艰苦努力,为国家的强盛打好了基础,他们是祖国人民的骄傲。从他们的身上，我们学到了无私敬业。作为共产党员，我们应该做到"不忘初心、牢记使命"，为党的事业奉献终身。

附

核武情，强国颂（纪念中物院建院65周年）

中华五千年，集历代军工之大成"两弹一星"，承载我中华百年强国梦，大国重器，民族脊梁。两弹一星振奋民族精神。回顾我党百年艰难历程，国强必先强军。建国初，伟人引领，集无数精英贤才之能，隐于草原、山麓及戈壁。东方巨响，震惊世界，列强胆寒。从此我中华立于世界。"二代轻舟，红云冲天过桥"坚固国防，强我脊梁，迎来中国盛世开篇。现已成就无数，如今我中华可上九天揽月，可下五洋探寻。中国特色享誉世界，必将引领世界。青山怀忠烈，盛世满情怀。忆往昔，核武情深功勋著。风云变幻，展前程，唯我华夏砥中流。

2023年10月17日，游泽华

 游泽华

中国工程物理研究院科学城医院从事医生工作。1981年至邓稼先去世在他身边做警卫工作。

○ 本文根据受访者口述录音整理。

"踏遍戈壁共草原" "群力奋战君当先"

记忆中的邓稼先

⊙ 任传勤

我是1958年到二机部的,做翻译工作。刚来时就知道邓稼先的房间比较神秘,为什么呢?老邓房间里住着三个人,一个老邓,一个陈小达,一个王贻仁。他们三个人和外面的人很少接触,大家出来做早操,他们都不动,在房间里看书。

1958年国庆节后,二机部里组织到花园路劳动,一起盖房子,我和老邓他们才慢慢熟悉。我们每天的劳动,就是当小工。人家工人盖房子,我们不懂技术,就抬砖、抬水泥沙袋,女同志就干点刷油漆之类的活。我们的食堂是借用前进小学的教室,房间很小,天冷的时候喝粥,每个人身前背后蹭的都是粥,因为你盛粥端出来,一转身别人挤上去,身上蹭得到处都是。吃饭就蹲在室外,把菜碗也放在地上,包括老邓在内,都是这样吃饭。那样艰苦的条件和生活,大伙不在乎,干劲非常大,因为大家是为自己劳动,创造自己的生活、工作条件,没有通常知识分子下去搞体力劳动的压抑感,大家都是自觉自愿的。

老邓劳动的样子非常笨拙,他不像我们许多人从小劳动过。抬砖时,他不是把扁担放在肩膀上抬,而是用手举着扁担抬,因为扁担压得肩膀疼,他就用手使劲撑着。这样踏着跳板往上抬砖实际上是很费劲的。

老邓爱开玩笑,经常给人起外号,大家也给他起外号,叫他"大白熊"。那时候虽然知道他是领导,但是一干起活来大家就不分上下,气氛比较融洽。后来,通过更多的接触,我才感觉老邓在原则上还是很谨慎的,不是什么时候什么场合都随随便便的。

1959年,红楼建起来了,食堂盖起来了,初步有了办公条件。部里开了个总结会,评选"社会主义建设积极分子",我、老邓、俞心柏当选,我们三个人到前门饭店参加二机部"社会主义建设积极分子代表大会"。会后,周总理、陈毅副总理等领导在中南海接见了我们会议代表。

开会期间,我和老邓住在一个房间。老邓非常用功,他是带着业务书去的。白天开会,晚上活动,别人睡觉后,他还要看书,要看好长时间才睡。我问他:"你那么用功干什么?"我不知道他看的什么书,他也不说。那时候保密很严格,他做什么研究,负责什么工作,不告诉别人。

有一天晚上,会务组没安排活动。老邓就说:"小任,咱们两个出去逛逛吧!"我们走到虎坊桥,他说:"我今天请你吃一样好东西。"他带我走到一家广东饭馆吃鱼粥。老邓请客,买了两碗粥。刚吃了几口,进来几个人。这几个人年纪和老邓差不多,知识分子模样。老邓一看就悄悄对我说:"赶快吃,不要抬头,也不要跟我讲话,更不要称呼这,称呼那。"我问:"怎么了?"他说:"你快吃,别问。"我俩赶紧吃完就匆匆忙忙离开饭店。出来以后,他才说:"那几个人认识我。他们不知道我到九局。如果认出我,问我,怎么跟他们说呢?我也不好提到九局,咱们工作受保密限制。"当时,我刚来单位,什么都不懂,这是老邓给我上的保密教育课。

此后,我们在一起共事多年,一起外出时从不谈科研工作,连第一

追忆 "踏遍戈壁共草原""群力奋战君当先"

颗原子弹试验之前,他把方案交出去,我们都不知道,他也不讲。交情归交情,工作归工作,非常清楚严格。

老邓亲和力很强,在情趣上能和大家融合。年轻人喜欢打闹,喜欢体育运动,喜欢看电影、看话剧。他同样喜欢,不管水平高低,和大家一起玩一起看。

他喜欢逛书店,每次都要叫上我,我也喜欢逛书店。他买科技书、外文书。我买的是古籍和一些文艺书。逛完书店,老邓必定要请客,因为他觉得我陪他出去,是劳驾我了,过意不去。

他就是这样的人。因为真诚,所以感人。

在我和许多老同志的记忆中,老邓的音容笑貌是不可磨灭的。

 任传勤

北京应用物理与计算数学研究所原副所长。

邓稼先：知识分子的**榜样**

邓稼先三下上海

⊙ 张锁春

1965年11月8日，九院理论部主任邓稼先在北京听到上海工作有突破性进展的大好消息后，立即乘飞机抵达上海，这是第一次。

后来，邓稼先亲自听于敏副主任的介绍，于敏又进一步提出如何使热核材料"点燃"的想法，要实现万吨级氢弹，所需压缩能量要达千吨级TNT当量，必须利用原子弹的能量才能实现。为此，必须通过改变构型设计来实现。这个光荣的任务自然落到蒙特卡洛方法组的身上，因为蒙特卡洛方法的最大优点就在于不受空间维数和几何形状复杂的限制。

说来也很巧，当时蒙特卡洛组组长带领一个四人小分队在执行其他任务。于是，邓稼先到上海后立即给组长带领的蒙特卡洛组下达一个紧急任务：要求在一至两个星期的时间内编制出一个新的蒙卡程序，来回答第一个亟须回答的问题。为了抢时间，老邓要求先从简单的情况入手，经过程序的移植、编制、修改、检查、试通、计算，齐心协力，日夜苦战，终于在11月25日交出计算结果，回答是一个字"行"！

邓稼先第一次来上海后，亲自将氢弹原理有突破的消息和内容带回北京，顿时理论部群情振奋，九院副院长彭桓武先生亲自组织讨论，夜以继日地穷追猛打。于敏继续留在上海加班加点苦干，又发现了一批重要的物理现象和规律。经过北京、上海双方配合、日夜苦干，一道道难关被攻克。

11月25日，老邓在第二次来到上海，不仅详细地听取新原理进展的汇报，而且也听取了加强型原子弹优化设计工作中所取得的进展汇报。同时，听取了蒙特卡洛程序计算结果的汇报，立即鼓励我们要再接再厉，一鼓作气。12月1日，他又布置一个新任务：要求在一个月内再编制出另一个新程序。为了抓紧时间完成程序编制任务，特从北京调来学物理的和学数学的3人，加强编程力量，最终抢在老邓第三次来上海的当天得到计算结果。

12月24日，邓稼先第三次来到上海。25日，蒙特卡洛组向老邓交出程序计算的结果。回答的还是一个字"行"！

▲ 1965年10月至1966年1月，理论部同志在上海嘉定华东计算技术研究所"百日会战"，实现氢弹理论设计突破。

侯艺兵摄

老邓确认这个消息后，心中更有底。他又进一步向蒙特卡洛组提出编制新程序的要求，目的就是要回答其他尚未回答的问题。这就促使我们在1966年上半年编制成功了某程序。

　　不久就迎来了1966年元旦，作为任务完成间隙的精神放松和心态调整，组长邀请我们少数人到他的上海家中作客，并陪我们到黄浦江的外滩去游玩，留下一张十分珍贵的合影照片。

　　在氢弹原理突破过程中，理论部副主任于敏解决了核武器物理中的一系列基础问题，发现了热核材料燃烧过程中几个特征量和释放能量的关系，并从中找到了造成自持热核反应的关键所在，从而提出了从原理到材料到构型的基本构想。邓稼先作为领导从中及时沟通、协调、下达任务，组织专家反复论证，集思广益，使方案更臻完善，终于在1965年底提出了利用原子弹来引爆氢弹的新的理论方案，为1966年12月氢弹原理试验和1967年6月第一颗全当量氢弹空投试验奠定了坚实的理论基础。

 张锁春

　　　　中科院应用数学研究所研究员。曾在北京应用物理与计算数学研究所工作。

"踏遍戈壁共草原" "群力奋战君当先"

邓稼先与"黄金瓜"

⊙ 金汝璧

往事如烟,但有关邓稼先的一些往事仍是那样的清晰、动人,让人不能忘怀。记忆中的一件件小事,无不折射出邓稼先人格的魅力——平凡而伟大。我们能在他直接领导下,从事我国核武器事业的开创性研究,深感荣幸和自豪。

1963年8月,我带着半饥饿的肚子,穿着破旧而单薄的衣服,离开了云南大学,来到了北京九所。当时只是一个理论研究室,位于北太平庄如今远望楼后面的一栋四层楼内。一切都很简陋。全室分几个大组,一个大组二三十人挤在一间屋子里。我们的大组长是后来的十二室主任、九所所长李德元。而理论室的主任,即是邓稼先。

当时,正是我国第一颗原子弹爆炸前夕,邓稼先很忙,北京、青海、新疆,天南地北、上上下下地跑,所以很少在办公室。

一天,室里生活秘书通知我,因为我衣服单薄,冬天很快就要来到,组织上补助我两斤棉花,要我到室里去领。我突然看到,主任办公桌后坐着一个身材魁梧、浓眉大眼、皮肤白皙,着深蓝呢子服的男人。秘书对我说,这就是邓稼先主任。邓主任微笑着起身向我走来,用一只肥厚而温暖的大手,轻轻地拍了拍我的肩膀。此情此景,我至今记忆犹新。这种憨厚的微笑，这种亲切的拍肩，在往后与他相处的日子里，不知出现过多少次。

1965年，我们开始到中科院上海华东计算技术研究所算题。计算所离嘉定小镇约一公里的路程。嘉定是一个典型的江南小镇、鱼米之乡。夏天，金灿灿的黄金瓜在绿叶下时隐时现，嘉定的黄金瓜皮薄肉厚、多汁蜜甜，是解渴消暑的佳品。

1966年12月28日，氢弹原理试验成功后，第一颗氢弹的研制任务，落到我们的肩上，计算的任务十分繁重，我们只好日夜加班，连轴转。当时，邓稼先也经常赴上海和我们一起上机。他坐在打印机旁，两眼直愣愣地望着输出在纸带上那些关键的数据。当我们疲倦的时候，他常常用开玩笑鼓励我们："好好干，我请你们吃黄金瓜。好好干，我请你们到嘉定吃小笼包子。"嘉定的小笼包子也是很有名的。他的玩笑却从不食言。上海的夏天，很难过，炎热、沉闷，汗一出来，浑身都是黏糊糊的，总也不干，"桑拿天气"的特征很突出。在这个时候，如果能吃上几个黄金瓜，当然是最美的事。

吃过晚饭，邓稼先和我们常常去踏田埂，走到瓜农的田里去买黄金瓜。从事数学计算的黄治柏，喜欢张罗，经常操着一口广西普通话，"黄金瓜、黄金瓜"地嚷，因为他姓黄，同志们给他取了一个外号，叫他"黄金瓜"，有时干脆就叫他"瓜"。

上海华东计算技术研究所职工绝大多数人住在市里，星期六吃过中午饭，乘坐所里租用的大轿车回上海市里，星期一上午10点左右才能回到所里。周六下午和周日，我们不能上机，便三三两两地或到嘉定小镇逛公园，饱览江南小镇的风光；或沿着公路到罗店等村落去品尝农家的美味；或到吴淞口去看大海，观日出；或沿公路漫游，瞎聊天。

一个星期日的上午，我们簇拥着老邓，在罗店回所的公路上漫步，邓稼先高大魁梧的身体、英俊潇洒的相貌在我们这群年轻人中特别显眼。一位青年妇女抱着一个1岁左右的男孩，从我们身后赶了过来。孩子长得白胖胖的，非常可爱。老邓看见了说："看！这孩子多可爱！"老邓有两个孩子，一男一女。但因工作太忙，没有时间和精力照顾他们，无法让他们得到应有的父爱，常感内疚。他曾给我们讲过一个又一个有关他孩子的故事。当时，我们感到很有趣，但过后一想，又暗自为他落泪。这位把自己的一切都献给国家核武器事业的人，却因照顾不了自己的孩子，内疚自责一辈子。

 金汝璧

北京应用物理与计算数学研究所，研究员。

邓稼先：知识分子的榜样

一名科研战友的怀念

⊙ 王明锐

"邓稼先"这个名字，现在已为广大中国人民所熟悉。都知道他是"两弹元勋"，他是中国核武器事业的开拓者和奠基人。他将自己的智慧、个人幸福以及生命，毫无保留地献给了中国的国防事业，赢得了人民的尊敬。他是一位英雄，同时又是一个有血有肉的普通人。他的许多高尚品德，往往不是记者的临时采访和询问能全面反映出来的，也不是他同高层领导的接触中，能够充分表现出来的。

其实，在生活工作中，他给我们的印象是：平易近人、谦虚谨慎、不摆领导和专家的架子；很富人情味、关心别人胜于关心自己；兴趣和爱好广泛，他总是把自己看作一名普通劳动者，不搞特殊化等。这些珍贵的品质，都是在和我们这些普普通通的科研人员的接触中，时时处处地体现出来的，展现出了一位品德高尚的科学家的真实形象。

我们理论部有个好传统，就是对领导、特别是对专家，不称呼官衔，大家总是老张老李相称。在邓稼先院长去世前20天，我去301医院看他时，虽然当时他已是国防科工委科技部副主任并早已是九院院长了，可我还是亲切地称呼他"老邓"。

我永远不会忘怀的是，1972年初春我陪邓稼先去内蒙古乌拉特前旗探望他在兵团劳动的女儿的那段经历。

1971年我国连续进行了几次核爆炸试验。年底,我奉北京理论部所在科研室派遣,和陈云尧同志一起到221基地参加核弹的加工、装配工作。随后,就去了新疆,参加核爆炸试验。我们刚到达新疆基地,就听说排在我们的核试验前面的、昨天做的那次氢弹爆炸试验,飞机投弹时出了故障,连续三次没有投下来,不得已,投弹的飞机只得带着氢弹返回机场。

飞机带弹着陆是从未有过的非常危险的事情。从在现场的同志那里得知,昨天飞机着陆后邓院长冲在前面向飞机奔跑过去。在危险时刻,邓院长总是以实际行动给我们做榜样。

由于排在前面的试验出了这样的事故,我们的实验只好往后延期,等春节以后再试验了。

1972年刚过完春节,我们乘坐一架国防科工委的包机飞赴新疆。在机场候机室里,我看见了国防科工委副主任朱光亚和老邓(当时他是九院副院长)坐在那里。老邓在机场对我说,他这次没有带秘书来,叫我兼作一下他的秘书工作,主要是开会时帮他做些记录,我欣然同意了。在飞机上我陪他坐在前舱与国防科工委的领导在一起。到基地后,我同样陪他和基地的领导吃、住并在一起开会。开会时,我帮他做记录(他自己也记)。当他需要什么资料的时候,我就往基地的相关部门去跑跑,帮他借资料。资料用完后我又帮他还回去。就这样忙乎了几个星期。

试验做完了,该乘飞机回北京了。这时老邓对我说,希望我能陪他去一趟内蒙古,去看看他在建设兵团劳动的女儿。我答应了,于是我们两人就没有乘回北京的飞机,而改坐去内蒙古的火车。

在出发前一天的晚上,我们感到特别轻松,老邓提出要和我下盘围棋。许多人知道老邓是戏迷和球迷,也酷爱音乐,并且达到了相当高的水平,但他爱好围棋恐怕就鲜为人知了。不过他的围棋水平只是和我的差不多,我们互有输赢。每逢出差或相遇时,在紧张忙碌的工作之余,他总要叫我去他那里下围棋。这次出差,因我兼做他的秘书,和他住在一起,出差任务完成后下棋便更加方便。

那天下围棋,棋盘就摆在他的床上。我们两人的兴致都很高,一直下到深夜。

第二天,基地派车送老邓和我去乌鲁木齐火车站。从乌鲁木齐到包头,在车上记得好像是要两个晚上又三个白天,这么长的时间待在车厢里是很烦闷的,但和老邓在一起你不会感到烦闷。他总会讲些东西提你的精神:他时而问我理论部的事情(因他常在院部或实验场地,对理论部的情况不甚了解);时而谈文学;时而又讲笑话。总之,和他在一起不会感到疲乏。

上车不久,他就给我讲了个笑话。他说,青少年是学文化的时期,许多知青离开学校下乡了,他们连封简单的信都写不清楚。据说有个女学生乡下插队给她妈妈写了一封信报平安。信中说,她生活得很好,叫妈妈不要担心。她说,她每天和大狼睡在一个炕上,把她妈妈吓了一跳。结果原来是大娘。

他讲完这个故事后,我们都笑了,但内心不免有些酸楚,因为我们不正是去内蒙古看他在那里插队的女儿吗?

老邓也谈些轻松的话题——文学。我发现他的文学修养很高。他讲了许多关于文学的知识,大多现在我也记不得了,唯独记得的是他说有人把晚唐著名诗人杜牧的一首脍炙人口的绝句《清明》,只是改动了标点符号,就改成了一首词。我听后颇感兴趣,至今不忘。唐诗的原文是:"清明时节雨纷纷,路上行人欲断魂。借问酒家何处有,牧童遥指杏花村。"老邓说"有人把这首诗改写成:'清明时节雨,纷纷路上行人,欲断魂。借问酒家何处?有牧童遥指:杏花村。'"他接着解释说:"这里把'纷纷'做动词用。这首词,听起来像'词',其实不是词,因为没有这个词牌。"

当时老邓还说:"如果增减一些字,就可以改写成各种别的诗。有人把这首诗改写成三言诗:'清明节,雨纷纷。路上人,欲断魂。问酒家,何处有?牧童指,杏花村。'也有人把它改为四言诗:'清明时节,行人断魂。酒家何处?指杏花村。'也有人把它改为五言诗:'清明时节雨,行人欲断魂。酒家何处有?遥指杏花村。'"

在这几天中,除了谈文学外,老邓讲的笑话也不少,幽默、风趣、意味深长。既使人感到轻松、快乐,又从中深受教益。他说,讲话是一门艺术,应该考究如何讲法。有的人说话总爱习惯性地带点口头语,影响说话效果。比如,某领导,每句话的开头都要说个"好像呢"。有一次试验前向张爱萍汇报。大家汇报完后,张爱萍提了一个问题,问这件事准备得怎样。这位领导回答说"这个问题好像呢",张爱萍正言厉色地说:"什么'好像'!都到什么时候了,还'好像''好像'!"

老邓说完后,我们两人哈哈大笑。老邓接着说,"如果讲话既爱习惯性地带点口头语,又把话说错了,那留下的就只有笑话了,听的人哪里还记得你讲话的内容"。

我请他举个例子,他说:"某军区领导讲话,每句话后面都要跟个'的工夫'。一次他作形势报告,想说当前的国际形势是帝、修、反联合反华,我们应该加强政治学习。他把赫鲁晓夫和尼赫鲁的名字扯在一块儿了。说:'今天的功夫,一天不学习的工夫,就跟不上形势的功夫。当前赫鲁希赫鲁的功夫。'"

老邓的话音未落我就大笑不止,老邓也几乎把眼泪都快笑出来了。

我们就这样愉快地在火车上摇晃了几天几夜,终于到达了包头。下车后,立即去长途汽车站搭车去乌特拉前旗。到了乌特拉前旗,我们眼前展现的是一个很小的地方,不知这是乌特拉前旗郊区的长途车站,还是这就是乌特拉前旗，反正没有南方的集市大。

我俩一打听，方知小典（老邓的女儿邓志典）所在的兵团离这里至少两公里。我自己提着一个大旅行包，老邓提着两个大旅行包，要走这么远的路程确实很难。我请老邓在原地等着，我去前面看看情况。出车站一打听，得知没有车去兵团。这里除了刚才到达的一辆长途客车之外，什么车都没有。

当我正在犯愁的时候，见一个年长的农民，赶着一辆装满干粪的平板牛车，他刚卸完干粪准备离去。

我上前说："老乡，从这里到生产建设兵团有多远？"

老农回答说："我马上要回去的地方离兵团不远，跟我走吧。"

"好哇，我放三个手提包在你车上行吗？"

"没问题。"老农回答说。

于是我一面请老农等等，一面赶忙回车站叫上老邓。

我们把手提包放上了老农的平板车，老农说："你们也坐上来吧，牛走得快。"我不知道老邓是否愿意，问他行不行。

老邓说："有什么不行的，上吧。"

于是我们就上了农民拉粪的牛拉平板车。

我们盘腿坐在平板车上，老农在前面坐着赶牛，摇摇晃晃地向前走着。四周是一片辽阔的大草原，大得无边无际。清风拂面，微风里散发出泥土的味道，仿佛把我带回到抗日战争时期我在农村生活的童年时代……

晃晃悠悠，当我从梦幻般的回忆中清醒过来的时候，我看见老邓两眼望着远方，不知他在想什么。

我想打破寂静，就说："老邓，我们去新疆坐的是飞机，从基地到乌鲁木齐坐的是小轿车，从乌鲁木齐到包头坐的是火车，从包头到乌特拉前旗坐的是大客车，现在又坐上农民拉粪的平板牛车，这次什么交通

"踏遍戈壁共草原""群力奋战君当先"

工具都坐了,对不?"

他好像是没有听见我说话似的,还是两眼望着远方,盘腿坐着。我又说:"在基地,夜里,门外有警卫,很是安全。现在坐在牛车上,也很自在,不是吗?"

他回过头来盯了我一眼,说:"你别胡说了。"接着,我们又静坐了一会,不久,牛车就到达兵团了。

下车后,见很多年轻人在兵团劳动。其中也有我们研究所职工的孩子,他们认识老邓。所以不一会儿小典就被叫来了。小典把我们引进一间小平房,说我们就住在这里。屋里有两张单人床,一张普通长桌。老邓和我坐在各自的床上后,小典就回连队劳动去了。晚饭是小典从连队给我们打饭来吃的。

晚上小典来了,老邓凝视着女儿,抚摸着女儿的手,轻声地唤着"小典,小典",就像身边没有我这个外人一样。父女情深,令人动容。

▲邓志典回国后深情地望着父亲邓稼先的铜像。　　　　　　侯艺兵摄

过了一会儿，老邓打开一个手提包，掏出了一些罐头，叫小典拿去。小典执意不要，说大家是在这里劳动锻炼的，都在过艰苦生活，我怎么能吃这些？老邓没法，问我该怎么办。

我说："这要体谅孩子的处境，大家都以艰苦为荣，你这点罐头虽谈不上奢侈，但孩子拿去了会感到压力很大，要我看，她不要就算了。"

老邓接受了我的意见，沉思了一会儿，说："明天是星期天，叫小典唤上她的表姐（许德珩的孙女，我忘了她的名字，她也在那里劳动）我们四人一起，到乌特拉前旗去把它吃掉吧。"

大家同意了这个决定。事情定下后，小典要回连队去了，我们陪同她走出了屋外。

夜幕笼罩着草原，一盘圆月从鱼鳞般的云隙中露出，草原弥漫着朦胧的月光，像是升腾起来的一片淡淡的银雾。几年前，我在221草原上工作时，晚上见到的也是这样的草原美景！

第二天周日，老邓和我，小典邀着她的表姐，我们四人一起，提着一手提包罐头，沿着昨天的车道，向乌特拉前旗走去。

在一个小小的馆子里，买了两瓶啤酒，我们就把罐头吃光了。

第三天周一，小典连队的连长和指导员，按他们的惯例，到小屋来看望了我们，简单地寒暄了几句之后就走了。

第四天，我们就步行到乌特拉前旗，搭上长途汽车去包头，然后乘火车回到北京。

在那个艰苦的岁月，当时作为核武器研究院主管科技的副院长邓稼先，竟让自己唯一的女儿留在内蒙古建设兵团待到最后。他竟不动声色地让我这个普通的科研人员陪同他一起，不事声张地到兵团去看望了一次女儿。他既不带警卫人员又不坐小轿车，在内蒙古草原上，在找不到交通工具的情况下，我俩竟坐上一辆农民拉过粪的平板牛车代步。这一切生活中发生的事，他都很自然地做着。因为他总是把自己看成和工人、农民一样,是一位普通的劳动者。

以后,我和老邓见面的机会不多,只有他回理论部或我去梓潼院部出差才能见着他。

1985年7月底,我听说老邓回来了。他是来参加讨论某专家入党问题的。又听说在讨论的过程中他感到不适,去301医院检查出直肠癌,并立即住院治疗。我很想去看看他,但院里规定不许大家去看望,免得影响他治疗,我也就没有去。后来听说经过手术治疗后老邓出院了,我以为这下没事了呢,谁知不久他又住院了。

1986年7月初,我因事恰好到301医院,办完事情。大夫对我说:"你们的邓院长就住在下面三层。"

我对她说:"你带我去看看他行吗?"

她说:"上面规定,谁也不许去看。"

我说:"邓院长和我太熟了,带我去没事儿。"

于是她就带我下到三层,直接走到老邓的卧室前。

大夫从门上方的玻璃窗口往里看去,回头对我说:"哎呀!邓院长准备睡午觉了。"

我问:"睡下去没有?"

她说:"还没有。"

我请她敲门,老邓应声开了门,见我来了,他很高兴。

老邓向我介绍了他的病情,并把衣服解开,露出下腹,把管子和吊着的瓶子都给我看。

我说:"老邓啊,你可要挺住啊。当年我们突破原子弹、氢弹,历尽千辛万苦,您今天就要像当年突破两弹那样去战胜病魔,精神力量在治疗中是极重要的。"

老邓说:"我很乐观,你们放心。"

我怕耽误他休息,起身要走,他要我坐下来再聊聊,我又坐下来和他聊了大约40多分钟。我不敢久留，就起身走了。

我请他好好休息，他一定要送我。病房在这头，电梯在过道的那一头，他硬是把我送到电梯口。

临别时，老邓说："这次我恐怕出去不了。"

我说："你可千万别这样想。等你出院后，在家里好好疗养，我不时来和你下围棋。"

这次在医院和老邓见面，觉得他的精神还是很好的。

想不到仅仅过了20来天，7月29日，他竟离开我们这些长期在他领导下奋战的战友而永远离去了！

老邓！我们永远怀念您！

您说如果能再次选择人生的话，您仍然走您走过的道路。我想，如果我们能再次选择人生的话，仍然愿意选择在您的领导下去努力工作。

 王明锐

北京应用物理与计算数学研究所研究员。

追忆 "踏遍戈壁共草原" "群力奋战君当先"

球友:邓稼先院长

⊙ 雷紫东

1986年夏,我在中国工程物理研究院九所七室工作,由于长时间在机房里连续奋战,我竟然生病了,就像那年在兵团生的那场病,高烧不退。

这天,我刚从医务室输完液回到家里,就听到楼下车队传来一阵嘈杂的声音,若干台小车发动机的声响和车队队长急促地吆三喝四的声音。

从乱糟糟的对话中,我似乎听到了"邓院长",邓院长怎么了?我忙将头伸出窗外细听,竟然是邓稼先院长猝然去世了!这噩耗犹如晴天霹雳,让虚弱的我,一下子跌倒在床沿上,大脑一片空白地望向窗外云层越来越厚的天空……人生太无常了!

这一天是1986年7月29日。

然而,就在十几天前,这位中国核武器研制与发展的主要组织者、领导者,我们尊敬的邓稼先院长还被授予了全国劳动模范称号。仅仅时隔十几天,他就与世长辞了?

难以置信!难以置信!悲恸之中,我脑海里浮现出了邓院长那慈祥、可亲可敬的身影……

1981年,我在九院所属的曙光工学院学习,地点位于四川梓潼县曹家沟。

163

曹家沟有两个九院的单位，十二所和工学院。曹家沟距离九院院部并不算太远，而且有班车往返于院所之间。

▲ 两弹城，中国第二个核武器研制基地院部机关旧址，邓稼先在此工作生活14年。

▲ 平宅入口。

我的岳父作为当时主要的院领导之一就在院部，所以，我差不多每个月总要去院部一两次，看望岳父大人。

院领导们的宿舍在院部信息中心东南面一片被称作"平宅"的地方，岳父住"平8"，邓院长的住所就在前面一排。

一个星期天的早晨，和往常一样，去院部看望岳父。

进入院部，当我踏上最后一级用红砖砌起来的台阶进入"平宅"区域时，刚好看见岳父走出门来。

他一看见我就说:"你来得正好,会打乒乓球吗?"

这话问得好突兀,我不由得一怔,乒乓球可是我的童子功,难道岳父也打乒乓球?不容细想,我立马点头道:"会!会呀!"

"那你就别进屋了,陪着我和邓院长去打会儿球。"

和邓院长打球?我不会是听错了吧,这位令人崇敬的核物理学家,也打球?

我抓了抓头皮,讷讷地答道:"好的,没问题。"

岳父走到邓院长住所的后窗,用手敲了敲窗户的玻璃:"老邓,我可出门了。"

见没有人回应,他就示意我,跟着他走。

我们顺着东墙边狭窄的通道,朝着不远处的一栋楼房走去。拐过弯来,就看见邓院长正在前面走着。他似乎听见了后面的脚步声,便站住转过身来,一见是我们两个人,就笑眯眯地说:"老吴,你今天还搬了救兵来?"

"用得着搬救兵吗,今天我要打得你心服口服。"岳父也笑呵呵地开着玩笑。

我赶快大步走上前,毕恭毕敬地招呼:"邓院长好!"

"好啊!今天正好有年轻人在场做个见证,看看到底谁把谁打得心服口服。"

真没想到,邓院长私下里说话这么风趣。我也感觉不那么紧张了。

邓院长转头问我:"你是老吴的……"

不等邓院长问完,岳父就笑道:"女婿,大女婿!"

"和你岳父打过乒乓球吗?"邓院长笑眯眯地斜了一眼岳父。

"没有。"

"那你今天可以领教一下了,他打球净是斜的、歪的、不正规的球。"

说到这里,他们两个老人家各怀深意地大笑起来。

邓稼先：知识分子的榜样

我跟着他们，走进一间宽敞明亮的房间，里面摆放着一张乒乓球台。我校准好了球网，便坐到一旁静静地观看两位长者宝刀未老的"争斗"。

乒乒乓乓……，乒乓球与球拍、球台碰撞，发出的清脆声响不绝于耳。

我一看，两人的姿势都不怎么样，而且，各自都还有一套自己习惯性打法。

邓院长的球打得比岳父要好些，不时通过提拉过渡打出一些正手扣杀。正如邓院长说的那样，岳父的球的确打得挺刁钻的，尤其是他的发球，净发些直线或斜线的长球、快球。邓院长身体的移动速度不是很快，接岳父发球时，还真有点被动。当然，要是邓院长得着合适的机会，那扣杀也毫不手软，打得岳父难以招架。

对于我这个少年时期，曾在北京什刹海体校通过考试进入乒乓球长训班训练过的人来说，他们的打法都属于纯粹的"野路子"。但，作为自娱自乐、休闲锻炼是足够了。

我安静地坐着看两位长者打球，不时还听到他们之间相杀的调侃，感觉那叫一个惬意。敢情他们休闲运动时也都和年轻人一样，不仅打球"争强好胜"，还很喜欢耍嘴皮子开玩笑。有意思！

岳父较胖，约莫打了一刻钟光景，就已是满头大汗，开始上气不接下气，显现出力不从心的样子。

"好了，我先歇会儿，你来陪邓院长打。"他说着话就把球拍递给我。

我客气地向邓院长询问道："邓院长，您是不是也歇一下？"

"不用，咱俩继续。"

我是左手直拍，中国乒乓球传统近台快攻的打法。我上手打了几下，邓院长就说："不错呀，年轻人，看样子是正规训练过。"

"谢谢您夸奖！我小学四五年级时在什刹海体校训练过两年。但从1966年之后就再也没有摸过球拍了。"我如实回答。

"看来你练的童子功的底子还在,打得蛮好的。"

被邓院长一夸,我最初的局促不安迅速得到了缓解,人感觉一下子轻松了。这是第一次如此近距离地拿着球拍与这位中国核物理大科学家、九院一把手打球,我的心情别提有多激动和忐忑了。

其实,从上手开始,我就没有发力打,基本上属于给邓院长"喂球",球的落点恰到好处,大多落在邓院长的正手,不高不低的球让他攻得很舒服,但就是让他扣不成死球,这样你来我往的次数不少。但只要我的推挡或侧身攻的回球速度稍快些,邓院长就会吃不消,毕竟他一直都在扣杀,体力消耗比较大。打一会儿,我觉得应该让他休息一下才好,就又主动提议:"邓院长,要不您休息一下吧?"

没想到他的回答竟然是:"今天有你这个陪练,让我打得挺舒服,咱们继续,再打一会儿没问题,正好让我把汗出透了。"

"我说年轻人,你别总让着我啦,你也进攻扣杀,让我看看你的进攻水平怎么样?"邓院长继续说道。

于是,我试着开始进攻。由于我是左撇子,正手攻一般都会打到对方的反手,除非对方也是左手握拍。但我侧身攻时还都有意将球打到邓院长的正手,而且,我把控着击球的速度和力道。这样,在我们之间形成了有节奏的对攻局面,这下子让邓院长可高兴了,觉得互相抽杀得还真像那么回事儿。

他连声道:"好球、好球……"

约莫陪着邓院长又打了有十分钟,他才主动说道:"老吴,你来和你女婿打会儿。"

就这样,我陪着两位长者轮流打了近一个小时,直到有人来找邓院长,这场特别的"斗球"才意犹未尽地结束了。

边往外走,邓院长边对我说:"你的球打得很不错,以后有时间就过来陪着我们老家伙打打球呦。"

邓稼先：知识分子的榜样

我自然是特别情愿。但实际上，我一共只陪邓院长打过两次乒乓球。他的工作实在是太忙了，根本没有什么时间去享受打乒乓球给他带来的放松与快乐。

事实上，邓院长并不是只喜欢打乒乓球，他是一位真正有体育精神的人。1982年世界杯预选赛，中国队客场与科威特的比赛，我和邓院长一起在电视机前煎熬了大半夜。

1982年西班牙世界杯亚洲区预选赛决赛阶段的参赛队伍共有四支，中国、科威特、沙特和新西兰，当时的中国男足是以预赛小组头名，杀进亚洲区决赛的。

关键之战是1981年11月30日中国队客场与科威特的比赛。我是个球迷，极想看这场关系中国足球能否出线的命运之战。

临近赛前一周，我就像犯了毒瘾的瘾君子到处寻觅毒品一样，不辞辛苦地跑遍了曹家沟可能安装电视机的场所。

令人沮丧的是：稀有的安放电视机的地方，要么是下班后不再接收电视节目插转信号，要么就是央视新闻联播一结束就锁门。

最可气的是，管电视机的人还冲我说了一堆废话："谁大半夜不睡觉去看比赛，疯啦！""这比赛不赢房子不赢地，用得着这么玩命吗？""你个瓜脑壳，第二天早上起来听收音机的新闻广播不就晓得了吗？"

尽管所有的努力都无果，但无法控制的欲望，还是迫使自己作出了一个连自己都觉得没戏的决定：去院部找邓院长问问，看看他是否看这场比赛。我知道邓院长住所的会客室里装有一台21英寸的电视机。

11月29日（星期天），与往常一样我到院部看望岳父，不一样的是这次是"心怀鬼胎"。连续给自己灌了两大杯水后，才吞吞吐吐地向岳父大人禀明了自己的"阴谋"。

最后，还口是心非地补上一句："这场比赛直播是零点三十分开始，如果邓院长不看就算了，别影响他休息。"

"踏遍戈壁共草原" "群力奋战君当先"

岳父看着我发窘的样子,佯装严肃地说:"你少给我耍心眼儿,下次再这样,我可就不客气了!"

我立马小心翼翼地问:"您的意思是同意我去问问邓院长了?"

"不用问了,邓院长也是个球迷,他和我说过要看这场直播比赛。到时候,你跟着我去看就是了。"

这可真是踏破铁鞋无觅处,困扰了好多天的问题,竟然轻而易举地解决了。我真是大喜过望!

盼到了11月30日,我草草地扒了几口晚饭,赶上了末班班车从曹家沟去院部。下车后,便径直去了"平8",岳父的住处。

一晚上,我被这场半夜才开始的比赛搞得心神不宁,手上捧着本书却怎么也看不进去。终于熬到了半夜,门外,谢家琪副院长大着嗓门喊岳父:"老吴,差不多了,咱们该去老邓那儿了。"

这声吆喝,简直就像给我打了一针鸡血,我从椅子里弹起来,将手里的书往桌子上一扔,兴冲冲地破门而出。

当我们走进邓院长的客厅时,他已经打开了电视机,正坐在一张单人沙发上看着电视画面。我礼貌地向邓院长问好,等岳父和谢院长落座后,我也找了一把折叠椅,靠在一边坐了下来。

比赛开始了,我注意到房间里的三位长者可不像年轻人看比赛那样,嘴巴不闲着,总喜欢不停地大声调侃。他们都非常安静。见此情景,我也只能大气不出地看比赛。

尽管中国队主场曾以3比0战胜过对手,但这场球从一开始就让人看着别扭。这次科威特队采取快速紧逼盯人的防守策略,牢牢地限制住了中国队的容志行、沈祥福和古广明三位主力。随着时间的流逝,我们都觉得中国队前景堪忧。

邓院长首先打破了沉寂,说道:"今天国家队凶多吉少,拿不到1分就很可能丧失出线的主动权。"

看来,邓院长是位真正的球迷,上半时还没有结束,就看到了问题的本质。

这一天是四个队、两场球同时开赛,另一场球是沙特主场对阵新西兰。电视里不断传来沙特主场的赛况,上半场沙特被新西兰打得狼狈不堪,虽然看不到比赛画面,但新西兰一个接一个进球,真的让人感到中国队危在旦夕。

平日里,岳父是不怎么看球赛的,所以他有些地方看不大明白,我就小声地向他做着介绍和解释。

当沙特主场比赛结束,比分定格在0比5;科威特以一记远射敲开中国队大门时,电视机前观看直播的四个人都知道比赛结果已是无法挽回了。

这时,邓院长说的一段话,让我至今难以忘却:"沙特队是否为了报复中国队,故意放水五个球给新西兰,我们不得而知;但是,有一点是要明确的,中国队靠别人过日子绝对不行。就像我们搞原子弹一样,得自己行、自己够强大,才可以不用依靠他人,更不用看他人的脸色过日子!"

邓院长的话是字字珠玑,这正是中国核武器开拓者和奠基者的傲骨!

邓院长走了,带着他对事业的执着、对生活的热爱、对体育精神的追求,走了!那晚一起看球的三位长者:邓稼先院长,吴益三、谢家祺两位副院长都与世长辞了,只剩下我这个晚辈也已华发苍颜。这些往事或许在他们辉煌的一生中不值一提,但是,我却更怀念在我身旁像叔叔伯伯一样的他们。

 雷紫东

北京应用物理与计算数学研究所工程师。

◇ 本文转载自公众号"嘿 我们这代人",2021年3月24日。

"踏遍戈壁共草原""群力奋战君当先"

我和邓院长零距离

⊙ 尹克亮

1983年10月,金桂飘香的北京。

我们研制小组历经五年艰苦努力研制成的RD496低温型微热量热计,已在设备买家原北京工业大学化工系实验室连续运行考核一个月,并通过以武汉大学屈松生教授为组长的七人专家组历时七天的技术性能测试,形成测试报告,完备了鉴定会的最后一份文件资料。

10月15日,在北京酒仙桥饭店召开产品鉴定大会。参会120余位专家学者来自清华、北大、北工、复旦、南工、上海交大、西北工大、武汉大学、川大以及中科院,西北化物所等知名高校和研究机构,云集了国内热化学、热溶液理论界的权威、泰斗。

这种基于牛顿冷却定理的热分析仪,以其工作温度范围宽、分辨率高、稳定性好、程序化功能强、应用范围广、操作使用方便的特点,广受用户青睐。但国际市场却由法国sateram公司一家垄断,进口价格高昂,且售后服务条款苛刻。在当时,即便是著名高校或研究机构也只能望而却步。中科院士学府和国内有关高校均在自行研制时止步不前,核心技术无法突破。然而"中国造"成为大家的期盼。

邓稼先院长欣然同意出席大会并讲话,他说:"我要说什么好呢?"

邓稼先：知识分子的榜样

按北京工办刘会安主任的建议，我连夜为邓院长赶写了发言稿。

会议当天，在一片热烈的掌声中，我都不知道邓院长是怎样走上讲台的，但我一眼就发现，邓院长没带发言稿。

只见他端庄地站在麦克风前，面部表情严肃，声音洪亮，语速缓慢地说："感谢各位专家对我们研制的产品给予很高评价，这是我们应该做的。党和国家给我们那么多的资金，那么多的设备，那么多的人才，我们应该为国民经济，为社会作出更多的贡献，可是，我们做得还不够。希望大家对我们提出更高的要求，提出更多的批评意见。谢谢！"

会场寂静。

数秒钟后，突然报以雷鸣般的掌声，与会者纷纷起立致敬。

谁也没有料到，这位国防尖端科学技术研究的领军人，堂堂核工业部第九研究院院长竟会如此三言两语表现出九院人博大的胸怀和责任。我为大会如此热烈的气氛而激动，也深为自己的幼稚而脸红。

会后，邓院长把大会主办方五所惠钟锡所长，三所孙占顺所长，几家新闻单位记者以及几个主要研制人员叫到惠所长卧室。

邓院长说："我看了几家报社记者撰写的新闻稿，我有个建议，建议把报道中的人名去掉。我们院有很多从国外回来的科学家，他们放弃了国外优越的物质待遇和荣誉，隐姓埋名，在国防科学技术的研究中，作出了卓越的贡献。他们是无名英雄，我们九院人就是甘当无名英雄。"

"惠所长，你的意见呢？"惠："我没有意见。"

"孙所长，你呢？"孙："照邓院长指示办。"

邓院长又征求记者意见。

经济日报记者："我从不报道没有真实人物的新闻。"

光明日报记者："我保留意见。"

中央人民广播电视台记者："那就由我发一条新闻语讯好了。"

追忆 "踏遍戈壁共草原""群力奋战君当先"

十月十七日十三点十五分,中央人民广播电台女声广播:"你知道一种能够精确测量种子发芽和细菌繁殖所产生的热量的仪器吗?这种由核工业部第九研究院研制的名为RD496型微热量热计,目前通过专家鉴定,其主要技术指标,达到国外同频设备的先进水平,填补了国内空白……"

 尹克亮

中国工程物理研究院计量测试中心原主任。

○ 本文转载自公众号"中物院曙光视点",2018年8月22日。

邓稼先：知识分子的榜样

院长来到我们中间

⊙ 赵建国

汶川大地震发生后，屋里一片狼藉。我在收拾书房时，无意间翻出本研究所建立20周年的纪念画报。其中一幅彩色照片是那样亲切和熟悉，它把我的思绪一下子带到了20世纪80年代。

那是1985年6月上旬的一天，院长邓稼先、院党委书记李英杰陪同省顾问委员会主任谭启龙、省委书记刘西尧、核工业部部长张忱等领导来研究所视察。

当时，正是仲夏季节，阳光明媚，碧空如洗，研究所经过全面企业整顿（属军工企业），面貌焕然一新，各项工作呈现出勃勃生机。邓稼先等领导认真听完研究所领导有关科研生产和其他情况介绍后，提出想看一看基层的同志。在所领导的陪同下，他和李书记下车间、进工号，与曾经和他们在一起工作过的同事、科技人员、普通工人亲切交谈，一起回忆在青海高原、戈壁滩住帐篷、吃青稞馍那段激情燃烧的岁月。

在生产车间，一名技术工人指着一个还没拆除的油毛毡席棚子告诉邓院长，这是70年代科研技术人员为了完成军品生产任务曾经脚踩雨水，头顶寒风工作过的工棚，邓院长无限感慨地说："这是我院科研技术人员艰苦奋斗的见证。这种精神是非常宝贵的，我们要在第二次创业

追忆 "踏遍戈壁共草原" "群力奋战君当先"

中继续发扬。"他握着一位又一位同志的手,语重心长地叮嘱大家,一定要爱护自己的身体,有了好的身体才能为党和国家多做事。

晚上,参加在俱乐部大礼堂召开的研究所全体党员大会,使我有机会近距离看到邓院长:他穿一件半旧的中式服装坐在主席台上,头发花白,面容虽然有些清瘦但还红润,两眼炯炯有神,慈祥地微笑着。不一会儿,轮到他讲话了,他站起身,健步来到主席台前。他说:党和国家非常关心我院事业和广大职工群众的生活,"839"工程马上就要破土动工了。今后,我们的科研生产环境和职工群众的生活条件会越来越好。接着,他热情地勉励年轻党员,要在不同的岗位上继承九院人的光荣传统,继续发扬"自力更生、艰苦创业,奋发图强、勇攀高峰,团结协作、集体攻关,科学求实、开拓创新,不计名利、献身事业"的九院人"五种精神",为国防科技事业多做贡献……

▲ 邓稼先(右一)在九院生产一线。　　　　　　　　科学城民政局提供

这是我一生中唯一一次面对面见到邓院长，当时的情景让我终生难忘。屈指一算，邓院长离开我们已经整整22年了。

23年前的6月，他来到研究所视察的时间虽然只有一天一夜，但他的身影却留在了青山绿水的工号里、潺潺的溪水旁、职工群众的家里；他的音容笑貌融进了孩子们甜美的笑声中，映在职工群众的脑海里……

 赵建国

中国工程物理研究院七所职工。

追忆 "踏遍戈壁共草原" "群力奋战君当先"

仅乘坐过一次的"专车"

⊙ 任海云

A70-0265，单看这一排数字，大家一定如入云中雾里，搞不懂是怎么回事。它既不是数学中的计算公式，也不是物理中的实验数据。它，只是一个简单而又久远的汽车牌号，属于一辆"仅乘坐过一次的专车"。

说起这个汽车牌号，还要从我父亲突然接到的一个电话讲起。

电话的另一端是时任中物院老干局的刘健局长，他们未曾谋面，也并不认识。他在电话里问我父亲是否以前给邓稼先院长开过车？是否开过一辆尼桑轿车？是否还记得汽车牌号？我父亲如实回答：给邓院长开过车，邓院长病重期间，院里曾经给邓院长派过一辆尼桑车，可惜年代久远，自己已经退休多年，记不清楚车牌号了。

那辆尼桑车在行驶30多万公里后被转让到四川剑阁县的国土局。刘局长告诉我父亲，剑阁县国土局的领导听说是邓稼先坐过的汽车，很是爱惜，至今外观还保持了八成新。

中物院在搬离了梓潼县后，邓稼先院长的故居被保留下来改造成了纪念馆，成为当地爱国主义教育基地。即将退役的尼桑车将被作为陈列文物恢复原来的车牌。刘局长婉转地问我父亲是否留下了当年的

邓稼先：知识分子的榜样

一些照片，是否还有原来汽车的影像？经过父亲和母亲的一番查找，一张和尼桑车的合影照片展现在面前，汽车的牌照清晰可见。几经辗转得到消息的刘局长很高兴。他转告我父亲会把车牌号告诉邓稼先纪念馆的工作人员。

见到这张老照片上的汽车，父亲感慨万千。

邓院长住院手术后，原来九所车队配置的伏尔加牌轿车的空间较小，而邓院长身材高大，手术后弯腰乘车极为不方便，院里便购置了这部尼桑车，里面的空间要大一些，可是汽车上牌照还是费了很多周折，最终在国防科工委申请了军车牌照。这个时候，邓院长的病情越来越重了，已经没有机会坐这辆尼桑车了。父亲清楚地记得邓院长最后一次也是唯一一次乘坐尼桑车的情景。

1986年五一前夕，确切的时间是4月30日晚上，邓院长悄悄地问我父亲，天安门广场摆花了没有？父亲告诉他："听说摆好了。"邓院长

▲ 九所司机任长义师傅与邓稼先坐过一次的尼桑轿车。　　　　　　任长义提供

又转身对警卫员小游和我父亲商量："拉我去天安门看看花吧?"父亲当时就拒绝了,说:"您现在身体这样,医生嘱咐不能离开医院。"小游也说:"许阿姨知道了,肯定批评我。"邓院长说:"没关系,咱们不告诉他们。"禁不住邓院长的恳求,我父亲开车警卫员小游陪同,他们偷偷地带着邓院长去天安门广场转了一圈。在灯火通明的天安门广场,身体虚弱的他再也无法靠近艳丽的花坛,只能在车上留恋地看上一眼。

时光荏苒,斗转星移,很多东西忘记也就忘记了,而有些东西却能永存。听说邓稼先纪念馆正在申报国家级文物保护单位,相信,那个A70-0265的车牌会被很多人看到,邓稼先感人的故事也会代代相传下去。

附

特殊的礼物

任长义[①]

我今年70岁了,往年不论生日还是过节,孩子们常常送我礼物,一双袜子、一顶帽子、一双皮鞋、一身内衣,或者一瓶酒、一盒糖、一条香烟、一篮水果,让我感到心里暖融融的。古人云"百善孝为先",看到孩子们这么懂事,我心里真的很欣慰。有句老话怎么说的,"家和万事兴"。我和孩子们虽然都在普通的工作岗位上从事普通的工作,但是我们都尽力了。平和健康的心态让我们一家人的生活充满了温馨和快乐,真的幸福无比。

然而,去年我收到了一份特殊的礼物,让我有了更多的感慨。

---

① 任长义为任海云父亲,中国工程物理研究院九所职工。

邓稼先：知识分子的榜样

有一天，家里的电话丁零丁零地响起来，我拿起话筒，没想到是许鹿希大姐打过来的。许鹿希大姐在电话里告诉我："老任呀，告诉你一个好消息，老邓的文集出版了。"我连忙说："这是喜事，我为邓院长和您高兴。"

"老任，还有呢，你作为老邓的同事和朋友，老邓在世的时候帮过他很多忙，我送一套文集给你留作纪念。"

听到这里，我的眼里立刻含满了泪水，我为邓院长的文集出版而高兴，也为被称为邓院长的朋友而感到骄傲。我对着话筒说："谢谢许大姐了，我也没为邓院长做过什么，那都是我的工作，换了谁都会尽力的。"

许大姐又对我说："你要在家，我把文集给你送过去。老邓活着，他也会送你一套。"

"还是我过去取吧！"我连忙挂了电话。

等我出了门往许大姐家赶的时候，许大姐已经抱着文集走到了老干部活动站门前。

邓院长的文集印制包装得非常精美。打开印有邓院长浮雕塑像的盒子，里面还有许大姐著的《邓稼先图片传略》，许大姐为我题了字，里面记录了邓稼先院长的生平和他与杨振宁教授的友情，很感人。

我虽然没有什么文化，看不懂文集的内容，但是邓院长和许大姐的那份情谊，却深深感动了我。邓院长作为一院之长，他的平易近人是有了名的。我还有一次印象很深的经历和大家说说，70年代末期，国家的政治形势发生了巨大的变化，百废待兴。党中央在北京的人民大会堂召开科技界的一次聚会，共商科技兴国战略，当时邓院长作为代表，受邀前往，是我开车送邓院长去的。会后，所有代表要与中央领导合影留念。邓院长对工作人员说："和中央领导合影是一种荣誉，我很高兴，但是我还有一位同事一直等在外面的车上，必须叫他一起。"工作人员

追忆 "踏遍戈壁共草原""群力奋战君当先"

解释说,这在以前没有先例,司机不参加合影。邓院长非常坚决地说,如果我的司机同事不能合影,那么我也放弃,我也不合影。在邓院长的坚持下,最终,工作人员同意了邓院长的建议,安排我和邓院长及众多科学家与中央领导合影留念,那张一米多长的照片也算是邓院长留给我的礼物一直被我珍藏着。

我想,我们九院不就是个大家庭吗?如果领导和群众能够相濡以沫,互相尊重,相互协作,什么样的困难不能克服呢?所有的职工都能在健康快乐的心态下努力工作,友好的情谊荡漾在每个人的心中,什么样的奇迹不能创造呢!邓院长为我们做了榜样,愿我们九院这个大家庭是个快活的乐园,友情的乐园,温馨的乐园。

 任海云

中国工程物理研究院研究生部职工。

○ 本文转载自公众号"中物院曙光视点",2019年5月31日。

邓稼先：知识分子的榜样

长相思·痛悼邓稼先院长

⊙ 陈云尧

皖山青，

蜀山青，

依旧青山依旧情。

故人还攀登？

愁萦萦，

思萦萦，

盼望君归终未成。

悼词和雨声。

（1986年8月14日）

陈云尧

　　研究员，北京应用物理与计算数学研究所原宣传部部长，曾任中国工程物理研究院研究生院教务处处长。

追忆 "踏遍戈壁共草原""群力奋战君当先"

喝火令·悼邓稼先

⊙ 何郝炬

渊海若无物，

平凡以近人。

胸怀宏愿许人民。

飞越长空天外，

遄遄赴征程。

求索十年久，

风沙秋复春。

功成两弹尽轰鸣。

长叹英年早逝，

千里放悲声。

（1987年11月）

何郝炬

原四川省副省长、中共四川省委副书记、四川省人大常委会主任。中共十三大、十四大代表，第六至八届全国人大代表。

◇ 本文转载自何郝炬著《行者春秋》，四川人民出版社，2022年3月第一版。

邓稼先：知识分子的榜样

怀念"两弹"元勋邓稼先院长

⊙ 赵清民

　　天府杨柳塞上烟，问君此去几时还。
　　踏上梓潼九曲路，送出玉门万里关。
　　实验场上惊雷动，江河源头捷报传。
　　月宫无路终许上，昆仑有阶自可攀。
　　不知邓老今何去，忠魂长眠涪江畔。

（1986年8月3日）

 赵清民

中国工程物理研究院职工。

▲ 邓稼先逝世后，四川绵阳人民在无比悲痛中悼念邓老。中国工程物理研究院赵清明写下怀念诗文，时任梓潼县副县长谢汉杰镌刻成碑，此碑现立于四川两弹一星干部学院现场教学点——邓稼先小道。

追忆 "踏遍戈壁共草原""群力奋战君当先"

▲ 小道上的邓稼先雕塑。

敬仰

"二十年来勇攀后　二代轻舟已过桥"

"二十年来勇攀后 二代轻舟已过桥"

炮火中的大学生涯

⊙ 冯　媛

在日机的轰炸下，在极艰苦的条件下，邓稼先度过了大学时代。良好的专业训练和在进步的学生运动中，他走向成熟。

一

邓稼先和姐姐到了昆明，有一种到了家的亲切感。杨武之、闻一多、汤用彤、张奚若……父亲的老友、家中的常客、清华园的邻居，大多在这里。还有杨振宁，他已经是西南联合大学物理系三年级的学生了。

久别重逢的喜悦冲淡了沿途的劳累和压抑。邓稼先暂住在联大的学生宿舍里，姐姐则先寄居在汤用彤先生家。稍事安定后，姐姐依照父亲的嘱托，送邓稼先前往四川江津念高中。国立第九中学为避战乱，迁到了江津，九中的校长，正是邓稼先留学过法国的四叔。邓以蛰了解自己的这个弟弟是严师，稼先在他的管教下，远在沦陷区的邓以蛰十分放心。

长江之滨的江津，距战时陪都重庆很近。物产丰饶的天府之国，在

邓稼先：知识分子的**榜样**

兵荒马乱的年头，在许多沦陷区的难民源源涌入之后，变得贫瘠起来。邓稼先自然也过着清寒的日子。但这一点也不影响他求知的欲望，他还是那么用功。姐姐在昆明一家工厂找到了工作，常来江津探望弟弟。父母远在千里之外，年长稼先10岁的姐姐几乎是一身数任，关心照料着弟弟。

1941年，稼先高中毕业后，回到了昆明，他成了西南联大物理系的一名新生。

西南联大，堪称战时中国的最高学府，它拥有许多一流的教授、优秀的讲师助教，吸引了一大批有志青年。然而，它那艰苦的环境，又是今天的人们难以想象的：学生住草顶子宿舍，每个宿舍住几十人；教室只有窗户，没有玻璃；没有足够的课桌，只有带扶手的椅子，有时听课的人多了，只能站在窗外；吃的是混有沙子、泥土、稗子，甚至老鼠屎的"八宝饭"，穿的是破旧衣服。所以，又有人戏称西南联大为"难民大学"。

邓稼先进入西南联大时，学校规模已达到5个学院共26个系，在校学生3000多人。1941年的新生就有七八百人。

二

"绝徼（jiǎo）移栽桢干质"，这是西南联大校歌中的一句，译成白话意思是：边塞之城培育栋梁之材。

幼苗之所以成栋梁，是因为它根植于肥沃的大地。西南联大培养了许多出类拔萃的人才，是因为它强大的师资实力和优良的校风。比如说，联大的教授，不管多有名气，都亲自给本科生上课，有的还给一年级新生上基础课。联大的课程设置也很有特点，如大学一年级的新生，无论文科理科，都必须上三门基础课：国文、英文、通史。文科学生至少要选一门自然科学课程，理工科学生至少要选一门社会科学课程。这样，学生基础好，知识面宽，眼界开阔，一门相同的课程，往往同时有好几位教师开，任学生选择。邓稼先一年级时学普通物理课，就由著名的赵忠尧教授、霍秉权教授、郑华炽教授和许浈阳教授分别开设。

西南联大是邓稼先学术上的摇篮。俗话说，名师出高徒。西南联大物理系的学生中出了获诺贝尔物理学奖的杨振宁、李政道，出了邓稼先、黄昆等20名中国科学院学部委员。这些当年的学子，对物理系的教授是如数家珍：吴有训、饶毓泰、叶企孙、周培源、王竹溪、吴大猷……这十多位教授有的精于理论，有的擅长实验，有的二者兼通。他们有一个共同特点，就是认真负责，学风严谨。

邓稼先十分珍惜这得天独厚的条件，他如饥似渴地吸取着知识力量，恨不得把老师讲的每一句话，都刻进脑子里。因此，他的课堂笔记总是记得那么仔细，课后又认真整理，精心收藏。

邓稼先从联大的课程设置中也获益匪浅。就说他学的第二外语——德语吧，大学打下的功底，竟可以使他后来在美国读博士时坐吃老本——不用去听一堂课，德语考试照样顺利通过；他把从德语课中省出的时间，用于研习别的新功课了！

邓稼先上联大当新生时，杨振宁已经念四年级了，并且有了"天之将降大任于斯人"的名声。他们都长大了，从北平崇德中学开始的友谊也随着年龄而增长。杨振宁常骑着自行车去邓稼先宿舍找他，他们一块儿聊天，一块儿玩，但更多的是一块儿背古诗。在邓稼先他们住的昆华中学校舍的东墙根，他俩吟诵着，一副自得其乐的样子。这情景，邓稼先的老同学40多年后还历历在目。

三

刚上大学不久，同窗好友就给邓稼先起了个外号——"小孩"。后来，另一个外号"Pure"（纯洁、纯粹的意思）又叫开了。

这两个外号的来历，是这样的：

一个星期天的早上，教普通微积分的赵淞副教授让课堂讨论。一开始，同学们怕提问被老师反问住，答不上来当众丢丑，发言的人不多。这时，邓稼先站了起来，提了个问题。赵教授反问他："什么叫积分！"邓稼先回答道："曲线下的面积。"赵教授话锋一转："3个苹果加5个苹果，等于几个？"

同学们不知其意地都愣了，邓稼先老老实实地说："等于8个苹果。"

赵教授这才讲道："问小孩3加5等于几，他可能说不清，但问3个苹果加5个苹果，小孩一定会回答得清清楚楚。积分用曲线下的面积作例说明，也就是这个道理，积分一般来说，是一些数之和。"

同学们从这堂课中，加深了对积分的数学概念的理解，而邓稼先还有个额外收获，就是得到了"小孩"这个外号。

大家发现，这个外号对他来说，还真贴切：他是班上年龄最小的同学之一，虽然个子高高的，但那张白净的脸上，还透着稚气呢；而且，邓稼先的心灵，也是那么忠厚纯净，保持着天真无邪的童心。

别看邓稼先粗手大脚的，他对同学还真细心，"抢书"的故事就是一个例证。

那时候，图书馆的书不多，期刊通常要迟到两年。许多课没有固定的课本，主要靠听讲时记笔记和课外寻找指定的参考书以及有关资料。有一天，图书馆刚开门，一位同年级的同学先"抢"借到了一本德国人写的《物理学》，那是老师指定的参考书。邓稼先晚了一步，只好等这位同学用完后自己再看。他唯恐那位同学在他不注意时把书还

"二十年来勇攀后 二代轻舟已过桥"

了，便总在他身边转，而不忍打断他的阅读。直到那位同学抬起头来，发现了他，他才俯下身去和人家商量："你看完后先别还，让我看一会儿好吗？"

邓稼先看书做笔记非常仔细，有时几乎是整段整页地抄。没过几天，他发现自己这样占用书的时间太多，怕影响别人，便设法从别处借了一本，不再和同学们"抢"书了。

进入高年级后，邓稼先对低年级的同学来说，就不再是"小孩"，而像个诲人不倦的小老师了。

1943年9月的一天，新校舍北区一间16人住的学生宿舍里，主人之一的邓稼先见到了一位新生。得知这位同学也读物理系时，他非常热情地介绍了系里的情况和主要课程，传授自己的学习方法。此后，他曾花很多时间详尽地讲解一些重要概念。他们时常沿着联大门前的林荫路，边走边说，指指点点，什么碰撞、虹吸、测温度啦，一讲就是一两个小时。他还特别讲到自己对这些概念错误地理解过，以此帮助小同学在学习上少走弯路。

渐渐地，同学们发现，邓稼先赞赏一个人或一个行为时，喜欢说："pure"，pure，纯洁、纯粹，不也是他对自己的要求吗？他是那样纯，几乎是个透明的人！于是，同学们干脆叫他Pure，一直叫到他失踪在28年的"秘密历程"里。

四

邓稼先大学生活的一个重要组成部分，是"跑警报"——躲避日本飞机的轰炸。

凶残的日本侵略者，不但在沦陷区鱼肉百姓，还经常出动飞机空袭中国后方的和平居民。昆明是日机频繁骚扰的地方之一，西南联大也在劫难逃。但是，师生们在炮火下，也顽强地恪守教和学的天职。

邓稼先永远也忘不了那紧张的艰苦的岁月。空袭警报一发出，大家就往危险较小的郊外跑，一跑便是大半天。同学们纷纷带着书，带着外文字典或卡片，躲在郊外的防空壕里也不忘记用功。学校为了弥补白天跑警报的损失，便把上课时间安排在一早一晚。晚上没有电灯，就秉烛教学。不多的实验仪器、器材来之不易，便把这些宝贝放在城郊二三十里外，用时去取，做完一批实验再去调换仪器，做另一批实验；现用的仪器则放进大汽油桶，不用时藏在地下。

不知多少次，在郊外的防空壕里，邓稼先看见蝗虫般的日机压向昆明上空盘旋，然后扔下罪恶的炸弹。阵阵摧肝裂胆的爆炸声中，有多少手无寸铁的百姓死伤？有多少人失去遮风避雨的栖身之地？有几次，西南联大的校舍也被炸塌了，弹痕累累，废墟处处。春城在喋血受难，祖国在喋血受难，邓稼先的心也在喋血受难！

抗战后期，美国志愿空军来华助战。1943年底，昆明发生了一场大规模空战，被人们称为"飞虎队"的美军志愿队击落了20余架日机，从此日本人不敢白天来了，改为夜间骚扰，后来夜袭的日机被击落，昆明的天空和土地，才开始安宁。

接着，生活又面临新的困苦。随着物价的一天天上涨，本来就有"难民大学"之称的联大，师生们更是度日维艰。同学们连掺有泥、沙、稗甚至老鼠屎的"八宝饭"，也难以吃饱。

邓稼先虽然有姐姐邓仲先和姐夫郑华炽教授的资助，生活也好不了多少。有人计算过，1942年，大学教授860元的月收入，只相当于战前的23.7元；到1943年12月，只相当于9.6元了。为了维持生计，一些教授课余摆起了地摊，变卖家中略为值钱的衣物。闻一多教授则挂牌治印，以补家用。

疾病也在欺侮人。在昆明的几年中，邓稼先和姐夫先后得过伤寒，

"二十年来勇攀后 二代轻舟已过桥"

发高烧到40摄氏度,十分危险;姐姐也打过"摆子"(疟疾)。

也许是在这种艰难的日子中磨炼了意志,坚定了信念的缘故,在以后的人生道路上,无论遇到什么困难,邓稼先都能坚忍不拔地走下去,直到胜利。

正因为有了这一段经历,邓稼先日益成熟了。这是一个时代的教育。民族的兴亡,国家的荣辱,它使人把自己的命运和祖国的命运紧紧联系;它使人懂得,为了民族的强盛,为了世界的安宁,牺牲个人利益是高尚的、是值得的。

五

邓稼先铭记着父亲的叮咛:"科学能救中国。"炮火和贫病更使他坚信父亲的话。联大浓厚的学习空气使他如鱼得水,学业日益精进。

苦读之余,邓稼先有个爱好,就是听故事和讲故事。

兵荒马乱的年代,不仅物质条件极差,精神生活也十分贫乏。最方便、最经济的消遣,就是听故事。

兴趣广泛的邓稼先,苦于借书、读书的困难,便常要求朋友们讲他们读过的世界文学名著。狄更斯的《双城记》,夏洛特的《简·爱》,大仲马的《基督山伯爵》,托尔斯泰的《复活》,等等,把年轻的邓稼先引到了一个个各具风采的世界,得到很大的精神满足。

邓稼先也给学友们讲故事。他讲的大多是中外科学家的故事。但同学们最喜欢听的是当代中国科学家的故事。由于当时中国的科学文化不普及,中国科学家也鲜为人所知。他们的事迹,连学理工科的大学生有的还不甚了解。但是,生活在学者家庭的邓稼先,从小就耳闻目睹了许多科学家的事迹。他的姐夫郑华炽教授早年留学德国,30年代就在原子物理中作出了突出贡献,是国际上首先测定苯分子两条光谱的强度比的学者。因而,他有许多这方面的故事。

邓稼先给大家讲了吴有训的故事:当时担任联大理学院院长的吴有训教授,20年代参加完成过当时物理学前沿的突破性工作,他和后来荣获诺贝尔物理学奖的康普顿联名发表过论文……

邓稼先还讲了赵忠尧的故事:赵忠尧教授30年代初也参加完成过突破性工作,1936年获诺贝尔奖的安德森指出,得益于赵忠尧的工作,自己才得以证实了狄拉克提出的正电子的存在……

这些故事,使同学们进一步了解了与自己朝夕相见的先生,也鼓舞了初入科学殿堂的莘莘后学,使他们增强了攀登科学高峰的信心,平添了学习的动力。

六

炮火中成长起来的邓稼先,不仅孜孜不倦于专业知识的掌握,而且在困难中用他那正直善良的天性辨析着政治方向。

最初的震动是"孔二小姐事件"。1941年12月,珍珠港事件后,日军进攻香港前夕,最后一架撤离的客机,扔下在港工作的抗日人士不管,却用座位载着国民党四大家族之一孔祥熙的二小姐大小箱笼和两只爱犬飞往重庆!消息传来,联大学生愤而上街抗议。大家呼喊着口号前进,沿途不断有人加入,游行队伍扩大到数千人。

一向不大问政治的邓稼先在思索:救国除了科学之外,还需要什么呢?

他看到,正如联大学生自治会的《国是宣言》所说,"民主在昂扬,历史在跃进,祖国在危难中,同胞在水火里"。他在困惑:救国的关键是什么?

随着世界反法西斯战争的推进,大后方的民主思想从国民党的高压

敬仰　"二十年来勇攀后　二代轻舟已过桥"

下日益抬头。享有"民主堡垒"之称的西南联大，以爱国民主为主题的游行和集会，渐渐多了。各种进步的学生社团和壁报，也开始占了优势。

在同学中的地下党员的启发下，邓稼先开始关心政治问题，并参加了共产党领导的"民主青年同盟"的一些活动。

1944年末，邓稼先在和朋友聊天时，讨论到当时的热门话题："解决中国危机的关键是什么？"他已经得出了结论："看来关键是政治。"

1945年，尤其是五四前后，联大的进步学生运动风云初起，音乐晚会上，《五月的鲜花》《民主青年进行曲》响彻夜空，尤其是5000人合唱的《义勇军进行曲》，让人热血沸腾；科学晚会上，李继侗、华罗庚等教授相继登台讲演，大声疾呼"没有民主就没有科学"！"五四青年运动座谈会"座无虚席，舞台、门口都挤满了人，一个声音说出了大家的心声："联大是个民主堡垒，民主应当到工人里、农民里、市民里，要把整个中国变成一个民主堡垒！"5月4日下午，七八千学生在风雨中游行，不断吸收工人、市民、店员，队伍壮大到2万人。

此情此景，对作为参加者的邓稼先来说，是多么实在的教育！他思想的脉搏融入了时代的潮流。民主救国，科学兴国；民主和科学这两面五四运动高扬起的旗帜，是我们民族中兴国运、再造民魂的不可偏废的法宝！

1945年夏，邓稼先满载着西南联大带给他的专业知识，满载着思想的收获，大学毕业了。他开始走向人生又一个新阶段……

○ 本文转载自冯媛编著《中外名人故事丛书——邓稼先》，中国和平出版社，1990年12月第一版。

邓稼先：知识分子的榜样

能"享""受"的人

⊙ 余诗君

> 邓稼先是我国核武器研制与发展的主要组织者、领导者，是两弹元勋、核工业功勋，但在家人眼中他有怎样的"人设"？记者最近采访了邓稼先的妻侄、九三学社第十四届中央委员会委员、全国政协委员许进，希望通过一些细节，还原邓稼先这位伟大科学家的鲜活形象。

美学家父亲的嘱托

"我的姑父邓稼先出生于书香世家，他的国学底蕴很深厚，在国家贫穷落后、遭人欺辱的背景下，他最终走上了科学救国的道路。"许进感叹地说。在他的心里，邓稼先是伟大的核科学家，但更是一张桌子上吃饭闲聊的家人。

正如许进所言，邓稼先的祖上多出文界名人，其六世祖邓石如是清代金石名家、文坛泰斗，其父亲邓以蛰是与宗白华齐名的美学家，时称"南宗北邓"，曾在清华大学、北京大学、燕京大学等校任教。

家学如此，为何邓稼先却弃文从理？

"二十年来勇攀后 二代轻舟已过桥"

"邓稼先曾生活在殖民地的旧中国,亲历过亡国奴的屈辱和痛苦。"许进说,"北平沦陷后,清华、北大南迁昆明,邓稼先的父亲身患肺病,无法经受旅途颠簸,全家只能滞留在北平。"

每当日本侵略者占领一个中国城市,他们就逼迫北平的百姓拿着日旗上街庆贺,13岁的少年邓稼先胸中怒火滚涌,当众把一面日旗撕得粉碎并狠踩脚下……

人心惶惶的亡城,危机四伏的空气,邓稼先就读中学的校长、邓以蛰的好朋友提醒他们邓稼先可能已被周围的汉奸盯上,要尽快将其送出去避祸。

1940年5月,正读高二的邓稼先由其大姐邓仲先带着开始了辗转曲折的逃亡之路。

"他们从天津绕道上海、香港,先到昆明,后到四川江津,进入邓稼先叔叔任校长的国立中学就读,并在那儿考入西南联大。"许进说。

临行前,邓父嘱托道:"稼儿,以后你一定要学科学。学科学对国家有用。"话语中透露出一位爱国美学家的深深无奈。也正是这句话,改变了邓稼先的一生。

天资聪颖的"娃娃博士"

许进从邓仲先那里听过几件小事。儿时的邓稼先很活泼,甚至有点淘气,有一年冬天,他跟同学到北海玩,竟然掉到冰窟窿里,幸亏一个路人看到,及时把未来的"两弹元勋"救上岸,否则后果不堪设想。

邓稼先上小学的时候,有一天,邓仲先等了很晚也不见弟弟放学回家,找到学校才知道,弟弟把学校教室的窗玻璃砸烂,被老师"扣押"了,邓仲先赔了玻璃钱,老师才放邓稼先回家。

"从小时候的调皮、活跃就可以看出他不是个思想呆板的人,不然他也不可能会有这么大的科学成就。"许进说。

1941年，邓稼先考入西南联合大学，利用所有珍贵的时间抓紧学习。这期间时有日军空袭，躲进防空洞的邓稼先就和同学杨振宁拿着英汉字典相互考答。1948年10月，他考入美国普渡大学研究生院。1950年8月，他去美国22个月后就取得博士学位，当时他只有26岁，因此被人称作"娃娃博士"。

导师看中他的才华，想推荐他到英国再深造两年。当时，能够获得博士学位，在美国也是十分难得的人才，拥有光明的学术前景和优越的生活条件。但邓稼先盼望的是早日回国，改变祖国贫穷落后的状况。在获得博士学位后的第9天，邓稼先与百余名爱国青年一道乘船回国，投身新中国的建设之中。8年后，他又放弃了颇有成就的科学研究，投身荒漠，为祖国研制核武器。

"福将"双解

有一次，邓稼先对许进说："同事都说我是'福将'。我是甲子年出生的，甲是天干之首，子是地支之首，所以我是'福将'。"当时，许进完全不知道姑父所说的这段话的背景。1986年邓稼先逝世后，许进才从一些报道中获知"福将"的正解：在国家32次核试验中，邓稼先在现场亲自主持了15次，凡是他作出的重大决策无一失误，因而被同事们称为"福将"。

"有谁知道在'福将'的背后，姑父付出了多少心血？"作为亲属，许进心疼地说，"承担了核武器研制之后，姑父就变成了寡言少语的人，有时候家人跟他说话，他只是在旁边笑笑，听听，很少跟我们对话。核试验起爆之前，技术负责人要签字负责，姑父每次签字后，都会有一小段时间浑身冰凉。他曾开玩笑说，签字以后，就把脑袋别

"二十年来勇攀后 二代轻舟已过桥"

在裤腰带上了。"

一次空投氢弹试验失败后，邓稼先想立即去爆心查看，有人想替他，邓稼先说："你们谁也不要去，这是我做的，我知道。你们去了也是白受污染。"他最了解进入爆炸核心300米半径范围内的危险性和对于身体的伤害，但仍奋不顾身地走入那片死亡之地。为了研制核武器，国家倾囊投入，如果试验失败，将给国家带来重大经济损失。作为核武器研制的理论负责人，邓稼先把国家的事业和财产看得比自己的生命重要。

能"享""受"的人

后人津津乐道邓稼先那些生活"段子"：看戏从不提前买票，也不到售票窗口等退票，而是在附近"物色"那些看起来真想转让戏票的人，屡屡成功；一套衣服一穿很多年，但始终干净、整齐，从不因为工作繁忙而在服装上显示出"没时间收拾"的样子；带着一家子去下馆子，要排队，看着哪一桌子快吃完了，就赶紧过去站在旁边盯着等，这样普通人的生活场景，今天的我们依然是熟悉的。

"他喜欢看电影、听京剧、下馆子、抽烟、喝酒，普通人的生活爱好他都有，是个懂得享受生活的人，只是他的时间精力都投入到工作上了，没有多少时间享受那些。他到北京几乎都是为了出差，一般是工作有了成绩需要回北京向领导汇报。有时回来立刻就走，有时需要等领导批示，可能多待一点儿时间。在这难得的时间里，在周末他通常一大早就先去王府井的外文书店去买科研需要的资料书，然后去饭馆或去附近我祖父家吃午饭，有时还去北大看望一下他的父母……他就是个普通的人，有许多普通人的嗜好，他了不起的地方就在于，国家需要他的时候，他能够舍弃那些个人嗜好。"许进说。

邓稼先能"享"于生活，对于常人难以想象的痛苦，也很能"受"。

长期工作在强辐射环境中的邓稼先，在那次氢弹试验意外事故后病倒了。他开始便血，情况越来越严重。当时，他正在与团队通过多次的核试验不断地完善核武器的研制。他全身心地投入工作，顾不得去医院检查身体。

1985年8月初，邓稼先到北京向张爱萍将军等中央领导汇报工作。张将军发现他气色不好，命令他马上到医院检查身体。就这样，在身体状况糟糕了6年后，他才走进医院。医生检查的结果是中晚期直肠癌。医生生气地说，你怎么拖到现在才来？你的家属来了吗？你今天不能走了。

"姑父查出直肠癌晚期，为了防止扩散，医生把他肛门周围的淋巴结全部切除，每次坐的时候，要坐在医院给他配的一个小橡皮圈上，但坐一会就疼痛不已，到后来，他不仅是坐不下来，疼痛使他每天都要注射杜冷丁，再后来每个小时都要注射一次。其中的痛苦难以想象……"许进说。

这一时期的邓稼先知道自己时日无多，更加紧忙于一项重要工作——起草核武器发展规划建议书。他忍着手术后的疼痛查阅了大量的书籍材料，经常约同事们来病房商讨问题。当时，美苏英三个核大国的技术水平已经达到只需通过计算机模拟核试验就能取得所需的试验数据，不需要再进行空中或地下核爆试验。而我国的核武器研究事业正处于十分关键的阶段，一旦受干扰就会迟滞，甚至功亏一篑。邓稼先判断他们有可能提出在全世界范围内禁止核试验，以限制中国的核武器发展，他十分焦急。

"1986年春节前后，邓稼先短暂出院，出院那天他约了同事到家里商量，令那位同事惊讶和感动的是，他从公交车下车后看到邓稼先从另一个公交车门下来了，他本可以坐专车，何况还重症在身。他出行经常

"二十年来勇攀后 二代轻舟已过桥"

骑着自己的飞鸽牌自行车,后来年纪大了就坐公交车,'公家'的专车他一生都很少坐。"许进说。

邓稼先用虚弱的生命余光给祖国写出了一份"万金家书",中共中央和国务院采纳了此项建议。1996年7月29日,邓稼先逝世十周年纪念日,在成功进行了第45次核试验后,中国宣布暂停核试验。当时,中国已具备在实验室模拟核爆炸试验条件。一个多月后,联合国批准了《全面禁止核试验条约》。邓稼先起草的建议书对于中国今天的国际核地位十分重要。

"操心"的高考家长

对于国家,他是功勋,对于家人,他是个有血有肉、有情有欲的亲人。

"我姑父的人生分成两部分,一部分光辉灿烂:国家把如此重要的任务交给他,他也为国家奉献了终身,出色地完成任务;另一部分,其个人生活上则有很多遗憾:作为丈夫和父亲,他没能有那么多时间照顾家庭和陪伴子女。所以,作为一个亲属,我觉得他这个人在事业上是可'歌'的,在个人生活上是可'泣'的,但他的家人对他的事业也理解。"许进说。

邓稼先以身许国,难以顾家,但他也深爱自己的儿女。在宝贵的休息时间里和力所能及的事情上,他也像普通的父亲一样为儿女的前途"操心"。

"我表姐15岁就到内蒙古乌拉特前旗生产建设兵团参加劳动了,那里条件很艰苦,全县就一个饭馆,在火车站旁边。我姑父非常惦记女儿,有一次他出差,故意'经过'那里,看望我表姐,给她带了好多罐头之类吃的东西……1977年恢复高考,我表姐去兵团时初中都没毕业,她的知识基础离高考要求差得还很远,我表哥在北京读了高中,那时正赶上姑父来北京出差,有三个月的时间,每天晚上,姑父都给他俩补习功课,后来他俩都考上了大学。"许进说。

一些遗憾

"以后,我恐怕照顾不了这个家了。这件事情如果做好了,我这一辈子就值了。"这是1958年8月的一天晚上,邓稼先说给妻子许鹿希的话。但过早离世的他并非没有遗憾,他的事业并没有亲自完成,学术著作也未及动笔。

"姑父说过的两句话对我触动最大,一是一不为名,二不为利,但工作目标要奔世界先进水平。二是他临终前对我姑姑说,如果有来生,我还选择中国,我还选择核事业,我还选择你。这是他对于自己一生的概括和总结。他去世前最后一句话是'不要让人家把我们落得太远'。这是他一生的奋斗目标,也是对于一代又一代青年的属望。"许进说。

 余诗君

核工业报记者。

○ 本文转载自中国核工业集团有限公司编《青春无悔,生命无怨——中国核工业功勋人物的故事》,人民出版社,2022年7月第一版。

收入书中时标题有修改,原名为《邓稼先,能"享""受"的人》。

"二十年来勇攀后 二代轻舟已过桥"

为国奉献简朴生活

⊙ 唐 蕊

1986年6月24日，中央军委决定对隐姓埋名28年的邓稼先解密，《瞭望》周刊刊登了《"两弹"元勋——邓稼先》的长篇报道。而这时，这位著名核物理学家、中国核武器研制工作的奠基者和开创者，已经为我国国防科技事业耗尽了他毕生的心血。35天后，62岁的邓稼先于北京逝世，他临终留下遗言："不要让人家把我们落得太远。"

"君视名利如粪土，许身国威壮河山"，这是时任国防部长的张爱萍将军悼念邓稼先的诗句。作为"两弹一星"元勋，邓稼先将才智、精力、荣誉甚至生命，全部献给了中国的核事业，将对父母、妻子和儿女的爱化为对国家、民族的大爱。

牢记父亲嘱托科学报国

邓稼先自幼在父亲的引导下，深受中华传统文化的影响，他用切身行动诠释了"忠孝"的内涵。

在邓稼先去昆明求学前，父亲交代他："以后你一定要学科学，学科学对国家有用。"这句话，被他牢牢记在脑海里，也成为他一生的追

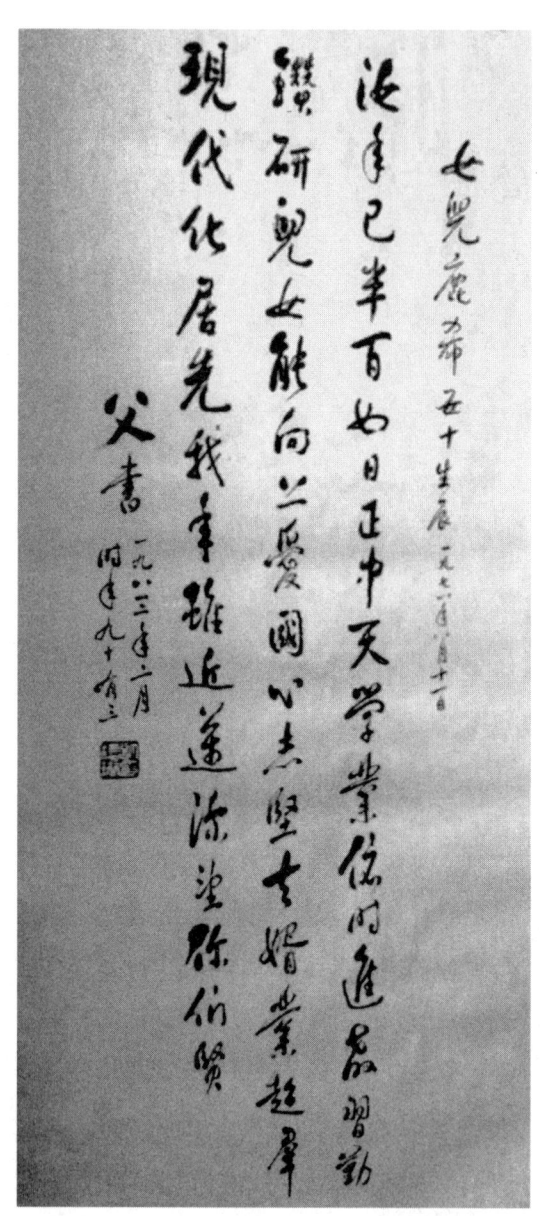

▲ 1983年2月，许德珩副委员长写给女儿许鹿希的题诗。

许鹿希提供

求。此后,邓稼先求学于西南联大的物理系。新中国成立前夕,他留学美国,夜以继日地刻苦钻研,只用了一年零十个月的时间便读满了学分,获得博士学位时他才26岁,被称为"娃娃博士"。获得学位刚9天,他毫不犹豫放弃了继续深造的机会和国外优厚的条件,立刻启程回到一穷二白的祖国,投入到建设中去。

1958年,当国家需要他来领导核事业的研究时,他毅然接受了任务。从此,他过上了隐姓埋名的日子,不再发表学术论文,不再公开做报告,不能出国,甚至不能告诉家人去向。在28年的时间里,他一心扑在祖国的核事业发展中,第一颗原子弹爆炸成功、第一颗氢弹爆炸成功、飞机空投氢弹成功、地下核试验成功……他一次次站在最危险的地方,一次次舍生忘死,只为了祖国的和平和人民的幸福。在一次空投核弹失败后,为了研究失败原因,他亲自去试验场地找碎弹片,为此他的身体受到严重的放射性损害,而他竟连休息几天都不肯,就又投入到新的工作中去,周恩来总理当面称他为"中国的费米"。1985年邓稼先被查出患有癌症,他平静地说:"我知道这一天会来的,但没想到它来得这样快。"临终前他嘱咐身边人的最后一句话是:"不要让人家把我们落得太远。"邓稼先就这样将对祖国的忠诚和热爱外化为了具体行动。这也是他对父亲最大的孝。

与妻子一起默默坚守

1953年,29岁的邓稼先和许鹿希结为夫妻。婚后,二人的生活平静而幸福,回家的路上能看到他们漫步的身影,家里一隅能看到他们在玩别致的游戏,轻松欢乐是这个小家最常有的氛围。后来,女儿、儿子相继出生,这个家更添几分温馨。

然而,这一切都在邓稼先调动工作后改变了。1958年盛夏的一个夜晚，邓稼先和妻子许鹿希都没睡着，从他进家门开始，妻子就觉察到了他的不同，她在等待。半晌，邓稼先用一种与平常完全不同的语调告诉妻子："我要调动工作了。"至于去哪里、干什么，却都不能说。许鹿希很不舍，但邓稼先坚定地说："我的生命就献给未来的工作了。做好了这件事，我这一生就过得很有意义，就是为它死了也值得。家里的事情就托付给你了。"这意味着，他将两个孩子、生病的父母和整个家，完全交给了妻子。她并不知道丈夫要去干什么，但看着坚定的丈夫，她选择默默承担一切："放心吧，我是支持你的。"此后的28年时间里，留给许鹿希更多的是思念和担心，就算邓稼先偶尔回来连聊天也是受限制的，但她一直默默支持着丈夫。

1964年，中国第一颗原子弹爆炸成功，许鹿希才隐约知道丈夫在做什么，那时她更加觉得所有的牺牲都是值得的。他们之间的爱情、亲情早就同国家命运和民族利益联系在一起了。

结婚33年，他们在一起生活的时间仅有6年，最后一年还是在邓稼先的病中度过的。邓稼先去世后，家里的陈设从来没有变过，他用过的东西都标上了年代、使用日期，那个他坐过的沙发上的毛巾都没有换过……在许鹿希的世界里，他没有离开。

让儿女学会平凡安静地生活

作为父亲，邓稼先非常宠爱孩子。每天下班回来，他的第一件事情便是逗孩子玩耍，当女儿刚叫第一声"爸"时，他兴奋得抱着不满周岁的女儿，要她再叫一声、再叫一声，之后他的要求不断升级，"好爸爸""非常好爸爸""十分好爸爸"，直到再想不出其他形容词。跟儿子玩耍，是邓稼先非常快乐的事情，这个时候往往没有年纪的差异。儿子邓志平六七岁时，常常在天黑时出去捉蛐蛐，邓稼先不断地向儿子传授

"二十年来勇攀后 二代轻舟已过桥"

经验。逢年过节,父子两人在晒台上放鞭炮,看谁甩得又远又准,清脆的鞭炮声和父子俩欢快的笑声,传出很远。调皮的儿子时常弄得一身脏回去,妻子免不了念叨几句,邓稼先总是为儿子开脱:"孩子嘛,不要管得太死,我小时候也是这样的。"

虽然视孩子如掌上明珠,但是在一些问题上他却选择了"不作为"。女儿邓志典还不到十五岁时,就到了内蒙古建设兵团。一个女孩,独自离开家,去千里之外的陌生地方,做父母的有多少放心不下。邓志典到内蒙古后,一干就是四年。其间,一次核试验完成之后,邓稼先放弃了回北京休息的机会,坐了几天几夜火车去看望女儿。他给志典带去了几听肉罐头,那是他在戈壁滩上节省下来的营养品,看着女儿狼吞虎咽的吃相,他心里泛起了一丝苦涩。以邓稼先的"国宝"身份,可以有很多办法把女儿接回来的,但他没有这样做,他的女儿是研究所中最后一个按政策回到北京的。回城后,志典在一家皮件厂当了一名普通的制作工人。

但在另外一些事情上,邓稼先却倾尽全力帮助儿女。恢复高考后,女儿决定参加考试,但她从没学过物理,请来的老师认为这种情况下根本没有办法补课。这时,邓稼先因工作原因,凑巧有三个月的时间在北京,于是他亲自上阵。没有课本,他骑着自行车去旧书摊上淘来旧教材,每天晚上给女儿讲物理课,常常讲到凌晨三四点钟。父女俩一块拼了三个月,完成了中学五年的物理课。其实,这对搞尖端科学的邓稼先来说,是非常困难的。后来,邓稼先自己回忆说:"教中学比教大学难。"当女儿因为外界嘈杂的环境不能静心的时候,邓稼先送给她一首陶渊明的诗:"结庐在人境,而无车马喧。问君何能尔,心远地自偏。"女儿心领神会。1978年,姐弟俩同时收到了大学录取通知书。

除了在学业上尽可能帮助和引导孩子,邓稼先更注意在品德上教育孩子。邓志典去美国读研究生前的一天,邓稼先突然问她:"你看过

《走向深渊》这部电影吗？"这是一部取材于真实事件的影片，讲述女大学生阿卜莱在欧洲求学期间，因贪图享受被情报机关所利用，并将她在火箭基地工作的男友拖下水的故事。这个时候，父亲提起这部电影，女儿立刻明白了："爸，我不会的。"邓稼先用最简单朴素的方式教育着自己的孩子。

邓稼先为了祖国和人民的利益鞠躬尽瘁，在生活上却从无要求。他每天骑着自行车上下班，给他配的专车，除了工作需要，从不使用。单位分给他新的住房，他坚持不搬，一直住在老旧的公寓里。简朴的作风，直接影响了他的子女。邓志典在美国读研究生期间，生活节省，对于追求高消费和洋气的东西没有一点兴趣，穿的衣服还是从国内带过去的。邓志平继承了父亲的生活态度和工作作风，为人也非常低调。他在回忆中说："在我的父亲身上，我看到了老一辈知识分子的坚持与执着。""我在父亲那里学到了一种平凡而安静的生活态度。"他还说："做科研，一定要受得了清苦，着实不容易。我的孩子在上学时我就对他说，要真想做科研，得费些力气。"

邓稼先留给家人的遗产少之又少，但他留给后人的精神风范却很多很多。

 唐 蕊

中共中央文献研究室。

◎ 本文转载自《中国纪检监察》，2016年第15期。

收入书中时标题有修改，原名为《邓稼先家风：为国奉献简朴生活》。

敬仰 "二十年来勇攀后 二代轻舟已过桥"

一次失败的空投核试验

⊙ 吴明静 沈晏平 王 燕 陈 瑜

茫茫戈壁，两个从头到脚被防护服遮得密密实实的人，站在空旷的核试验场上。即使照片已经泛黄，年已九旬的许鹿希仍清晰地告诉来访者：高个儿的是已经走了32年的丈夫——两弹元勋邓稼先，旁边个子矮的是时任二机部副部长赵敬璞。

1986年7月29日，邓稼先因直肠癌晚期去世，年仅62岁。邓稼先去世后的一天，赵敬璞请许鹿希到家里，交给一张她之前从未见过的照片。

▲ 1979年9月14日，邓稼先（左）、赵敬璞（右）前往事故地区前身穿防化服合影。摄于新疆核试验场地。

许鹿希提供

211

在核试验场留影纪念是件很不寻常的事情。20世纪70年代末，一次重要的空投核试验发生重大事故，核弹沉重地砸在试验场区的戈壁滩上。通过简要叙述，许鹿希才得知丈夫生前经历了光弹落地事故。这次试验的核弹，从加工、运送到多次投放训练，时任九院（今中国工程物理研究院）院长、试验总指挥的邓稼先都亲自参与。起初，一切顺利。但正式试验那天，起爆口令发出后没有听到爆炸声，一分钟后没有见到升腾的蘑菇云——出状况了。

试验失败，首先要找到弹体，查明原因。在场的除了邓稼先，还有多个部门的相关领导，大家都心急如焚。

据邓稼先司机回忆，虽然有关部门立即安排了部队进场搜寻抢险，但邓稼先和赵敬璞连防护服都顾不上穿好，就从100多公里外的观测点坐车直接冲进场地，奔赴爆心观察。可是，他们并没有发现碎裂的核弹。

晚上，搜寻部队传来消息：碎弹已经找到。邓稼先立刻召集九院各分队长开会，安排第二天进场考察，并反复交代要认真细致地工作，摸清相关情况。

第二天，邓稼先带领考察小组分别乘车进入爆心，赵敬璞同行。这是两人第二次进入事故现场，防护措施已严格到位。当行进到弹落地点时，邓稼先才发现，其实昨天他们已经接近弹坑了。

邓稼先深知碎裂核弹的核辐射将达到怎样可怕的剂量，但他顾不上个人安危，把司机和赵敬璞留在吉普车上，自己走到弹坑前仔细查看了弹体。直到他判断出爆炸原因为化爆，确定核弹设计没有大问题，才松了一口气。

在邓稼先的率领和指挥下，进入靶区的考察小组共七人。

到达弹坑后，总体设计室主任、试验总体设计负责人沈中毅把搜寻区域分为四个象限，将上风口的两个象限区域分给了同组的冯绍曾和栗

"二十年来勇攀后 二代轻舟已过桥"

润年,自己查看下风口。另外两人只用了半个小时就查看完毕离开,而沈中毅则耗时一个小时才查看完毕。

值得庆幸的是,那是没有风的好天气,核弹碎裂后泄露的放射性污染物没有随风飘散到更广区域。

回到营地,经专业医生测试,沈中毅等人身上的放射性剂量超过正常值几百倍,被立即送往青岛救治。在场考察的领导、技术干部、解放军战士、司机,均被安排到各地接受治疗。但邓稼先没有进行充分的疗养治疗。

事故发生几天后,他回到北京,在301医院做了体检。许鹿希至今清楚地记得,邓稼先的尿检指标高得可怕,医生们觉得没办法再做进一步检查。许鹿希提出立即住院或到康复机构疗养,邓稼先却以工作太忙没时间为由拒绝。许鹿希急得大吵,他还开玩笑说,不上班就没工资。

无奈,许鹿希带着邓稼先去北大医院中医科找到一位熟人。大夫看了检查结果,奇怪身体怎么会败坏到如此地步,追问是否受到什么大剂量毒品的刺激,两人都无法回答。

邓稼先心里惦记着查清事故原因,很快就带着药回到位于四川三线的工作单位。

沈中毅和同事们深入研究自现场带回的大量资料信息,仔细查看当天影像记录,反复进行力学试验,终于查明,包伞技术不规范导致降落伞不能打开,光弹落地导致试验失败。九院的核弹设计没有问题。

20世纪70年代末80年代初,武器研制任务异常繁重。邓稼先在生产和试验基地两头忙,完全顾不上自己的身体。当时基地的生活保障条件不足,缺乏新鲜蔬菜水果,人们吃罐头吃得叫苦不迭,邓稼先却不以为意,忙起来甚至会饥一顿饱一顿。他把药交给警卫员代熬,药吃完了也没有找大夫重新号脉,许鹿希只能原样抓了药寄过去。喝了一阵子药汤,邓稼先感觉身体有劲了,让许鹿希把草药换成速溶的小袋颗粒。他就这样吃了两年中药。

从被国家选调从事原子弹研究，邓稼先就和妻子约定，不在家谈论工作，也不许妻子询问。后来许多人对许鹿希说，老邓太辛苦。许鹿希永远记得邓稼先说过的一句话，为了这件事，就是死了也值得。

如今，当年的亲历者已年过八旬，有几位已离世。

忆起往事，冯绍曾、江崇滨等人对沈中毅充满敬佩，因为沈中毅把相对安全的上风口留给战友，自己坚守在危险的下风口。更鲜为人知的是，在挑选进场小组成员时，江崇滨拒绝了两名主动请缨的同志，原因是自己孩子大，妻子是大学生，万一遇到三长两短，能够把家撑起来。

此事已远，却永志难忘。面对核辐射危险，从大科学家到基层科研人员，从部委领导到普通工人、战士，大家毫不犹豫地挺身而出，在他们看来，对得起国家，对得起这份事业，也就安心了。

 吴明静　沈晏平　王燕　陈瑜

作者均为北京应用物理与计算数学研究所职工。

○ 本文转载自光明网，2018年8月27日。

收入书中时标题有修改，原名为《邓稼先经历的一次失败空投核试验》。

敬仰　"二十年来勇攀后　二代轻舟已过桥"

"这份建议书比你我的命都重要"

⊙ 吴明静　杨　舒

"老于、胡思得："

一根细细的铅笔，微微颤动，在稿纸的头两行缓慢地写下这个"抬头"。

然而，仅仅是几行字，这铅笔的主人便因乏力和疼痛，额角沁出大滴大滴的汗珠。这一天，他刚刚打完化疗。

时隔近40年光阴，许鹿希仍清晰记得那个场景：1986年3月14日，北京，中国人民解放军总医院的病房里，她的丈夫——中国科学院院士、"两弹元勋"邓稼先因患直肠癌动了手术，已无法直接坐在椅子上，却仍勉强"悬"坐在一个轮胎的内胎上，坚持书写一封信。

信的原件，现存于北京应用物理与计算数学研究所档案室。

谁是"老于"？又是什么事，让重病在身的邓稼先一定要写这封信？

信笺下方，一串神秘的黑点给了记者解惑的索引——

"黑点处代表着被略去的国防机密，指向了一份建议书。"许鹿希回忆。作为中国核武器事业的主要组织者和领导者之一，此时，邓稼先在"抢时间"完成人生最后一件大事——他要和多年的同事、好友，中国科学院院士于敏联名上书中央，建议加快我国核试验进程。

为什么要加快？

因为，山雨欲来风满楼！

中国发展核武器，是为了保卫自己、维护和平。20世纪80年代中期，一些核大国为了维持其优势地位，可能作出同意全面禁核试的决定。邓、于两位战略科学家以敏锐的洞察力意识到，形势已越发严峻：美国的核试验做了1000多次，苏联接近1000次，核武器研制水平已接近极限，停下来不会产生太大的影响。而中国当时完成的核试验次数仅仅30余次。

新一代国防战略装备研制正处于最敏感和最关键的爬坡阶段，许多重要的成果和进展虽然胜利在望，但尚未最后拿到手。一旦被迫禁核试，中国的核武器事业和国防高新技术发展将遭受不可弥补的巨大损失。

——这，就是邓、于二人担心的"多年努力，将功亏一篑"！

作为邓稼先多年的同事和学生，中国工程院院士胡思得全程参与了这份建议书的起草，并负责在医院与研究所两边联络。

那时，同事们都亲切地将邓稼先唤作"老邓"。胡思得回忆，老邓忍着病痛手书，笔迹常显得缭乱，他便负责把其意见整理好，交给于敏、胡仁宇等专家修改，再将修改稿送到医院交老邓一字一句审阅修改。

这封写于3月14日的信，正是那些往返意见中的一封。只是，那天，邓稼先对建议书签名上报方式作出安排后，最后又加了一句：

"我今天第一次打化疗，打完后，挺不舒服的。"这是邓稼先在工作中罕有的一次谈及病痛，但也只此一句。

许鹿希至今记得，病床上的邓稼先手握密封的信件，对她说："这份建议书比你我的命都重要！"

1986年4月2日，这份重要的建议书定稿，以邓稼先和于敏两人的名义向中央呈报，很快就得到了中央的同意。

敬仰 "二十年来勇攀后 二代轻舟已过桥"

118天后，1986年7月29日，邓稼先逝世，享年62岁。他留下最后嘱托："不要让别人把我们落得太远！"

这是一份凝聚着国防科技工作者报国情怀、又十分科学客观的建议书，在我国核武器发展史上具有不可磨灭的重要地位！此后，中国核武器事业走过了一条"十年加快"之路，核武器研制水平实现了极大提升。

1996年7月22日，《光明日报》发表了一篇于敏、胡仁宇、胡思得怀念邓稼先的文章，"十年来的形势变化，完全证实了建议书的正确性。每当我们在既定目标下，越过核大国布下的障碍，夺得一个又一个的胜利时，无不从心底钦佩稼先的卓越远见"。

那一年的7月29日，中国西部，成功进行了我国最后一次核试验。

确定核试验的"零时"，需要考虑的因素很多，这个特别的时间点，完全出于巧合。这天正是邓稼先离开十周年的日子。清晨，试验队伍出发前，胡思得照例要给大家做动员，这一次，他格外动情：

"老邓在天上看着我们呢，我们一定能成功！"

吴明静

北京应用物理与计算数学研究所高级政工师。

杨 舒

光明日报记者。

◊ 本文转载自《光明日报》，2024年5月21日。

邓稼先：知识分子的榜样

邓稼先真实的28年

⊙ 高 渊

自1986年解密以来，"两弹元勋"邓稼先的名字可谓家喻户晓。但对于他投身核武器研制的那28年，还是存在不少误读。

今年恰逢新中国成立70周年和"两弹一星"科技功臣授勋20周年，关于邓稼先的报道很多。对于那28年，有些媒体是这样写的："邓稼先与妻子分开28年，没有和妻子通过一次电话，也没有写过一封信。""整整28年，邓稼先生死未卜不知去向，夫人许鹿希无怨无悔痴情等待。""许鹿希在家苦等28年后，才见到了缠绵病榻的邓稼先，最终等来的却是离别。"

从1958年8月，钱三强推荐邓稼先加入原子弹研制团队，到1986年7月，邓稼先在北京301医院去世，整整28年。对邓稼先来说，这是隐姓埋名、夙兴夜寐的28年，不能公开发表学术论文，不能公开做报告，不能出国，不能和朋友交往，不能说自己在哪里工作，更不能说在做什么。夫人许鹿希工作的北京大学医学部的领导，知道他是做什么的，是在追悼会第二天的报纸上。

但这并不意味着，邓稼先彻底断绝了亲属联系。真实情况是，虽然他长期在西部基地工作，但只要回北京开会或者中央领导召见，他都能和家人团聚。28年间，他亲手料理了父母亲的后事，前后共花三个月

"二十年来勇攀后 二代轻舟已过桥"

辅导一双儿女参加高考,赴内蒙古看望在生产建设兵团的女儿,星期天还经常到岳父母家吃午饭……

今年60岁的许进先生,是九三学社中央委员、全国政协委员。他的祖父母许德珩、劳君展是九三学社创始人,许德珩曾任全国人大常委会副委员长、全国政协副主席,许进的姑姑就是邓稼先的夫人许鹿希。他从小和祖父母生活在一起,经常见到邓稼先,并一起聊天。

如今,许鹿希先生已经年逾九旬,因患有哮喘,将近十年没有下楼,也极少见外人。近年来,许进自告奋勇承担了接待媒体采访的任务。关于姑爹的有些问题,他还会当面或微信跟姑姑沟通后再答复。

在许进看来,那些以讹传讹的说法应该得到纠正,需要向社会讲述更真实的故事,还原那28年,才能更完整地了解真实的邓稼先:这是一位呕心沥血、无私奉献的科学家,也是一个热爱生活、爱好广泛的常人。

只有这样,才能真正走进邓稼先和那一代中国科学家的内心世界。

邓许联姻的原委

高渊:邓稼先和你姑姑许鹿希是什么时候相识的?

许进:邓家和许家是世交。新中国成立前,我祖父和邓稼先的父亲邓以蛰都是北京大学教授,两家关系非常好。所以他们小时候就见过,可谓两小无猜。时隔多年后,他们再次相会在北大,是师生关系。那是1946年,邓稼先从西南联大物理系毕业后,受聘担任北京大学物理系助教。我姑姑比他小4岁,刚考进北大医学院,她那个班级的物理实验课是邓稼先教的。

那时候,邓稼先有两个在北大相遇的学生,跟他之后的人生关系重大。一个是我姑姑,后来成了他妻子;另一个是于敏,后来成为亲密的同事,也是"两弹一星"科技功臣,还先后被授予"改革先锋"和"共

邓稼先：知识分子的榜样

和国勋章"。

高渊：对于这桩婚事，双方家庭支持吗？

许进：邓稼先的大姐夫是郑华炽，曾任北大教务长、物理系教授，他大姐家和我祖父母是邻居，都住在北京府学胡同的北大教授宿舍，一个大院子里住了20多位教授。他大姐邓仲先常夸奖许鹿希聪明好学，还把邓稼先介绍给我祖母。其实，我爷爷奶奶都记得，邓稼先小时候特别顽皮，有一次他们去邓家串门，邓稼先一边在自家门框上荡秋千，一边向他父母报告来客人了，这场景让他们印象深刻。

对这桩婚事，两家都很积极。1952年，我姑姑从北医毕业，第二年就结婚了。那年邓稼先29岁，我姑姑25岁，主婚人是中国科学院副院长吴有训教授。

高渊：当时邓稼先已经在中科院工作了？

许进：对，他是1950年秋天进中科院近代物理研究所的。在这之前，1948年10月他去美国普渡大学留学，他只有西南联大学士学位，但直接攻读核物理博士。只用了一年零十一个月时间，就在1950年8月20日拿到了博士学位。当时，普渡大学物理系的德尔哈尔教授有意带他去英国继续研究工作，这对一个有志于科研的年轻学者来说，是很有吸引力的。

但邓稼先归国心切，在拿到博士学位后的第九天，就在洛杉矶登上了"威尔逊总统号"轮船回国。那次，钱学森也想搭乘这艘轮船回国，行李都已经搬上船了，但人被扣了下来。同船回国的有100多名中国留学生，其中还有我祖母劳君展的侄女劳远琇，她后来是北京协和医院著名眼科专家。

高渊：他回国之初那几年，工作生活还顺利吗？

许进：那时候，他各方面都很舒心。首先是家庭生活安定幸福。当时他们住在中关村的中科院宿舍，我姑姑在北医上班，路挺远的。邓稼先就经常骑着自行车去接她，有时候两人也会漫步在无人的小马路上。

1954年和1956年，他们先后有了女儿邓志典和儿子邓志平。听我

"二十年来勇攀后 二代轻舟已过桥"

姑姑说,邓稼先每天一下班,进门第一件事就是逗孩子玩,要他们反复叫"爸爸""好爸爸""非常好爸爸"。他们住的楼房周围一片空旷,他就经常和儿子在家里晒台上放"二踢脚",比谁甩得远,甩得高。

在工作上,他先担任近代物理研究所助理研究员,两年后升为副研究员,所长是彭桓武教授。邓稼先原来是九三学社社员,1956年加入了中国共产党。他还兼任中科院数理化部的副学术秘书,当时学术秘书是钱三强教授。可以说,工作上也是一帆风顺。

音讯全无是讹传

高渊:但人生道路的重大转变就在这时候出现了?

许进:那是1958年8月,新中国成立快9年了,邓稼先34岁。有一天,钱三强把邓稼先找到了办公室。他们彼此很熟悉,但钱三强讲话还是先绕了点弯子。他说,国家准备放个"大炮仗",准备调你去做这项工作,怎么样?

邓稼先听到"大炮仗",马上就明白是搞原子弹,他只问了一句:"我能行吗?"钱三强就把工作的意义和任务详细跟他说了,邓稼先马上表示服从组织安排。

高渊:为什么邓稼先对"大炮仗"这么敏感?

许进:因为他在中科院就是做原子核理论研究的,他所在的近代物理所后来更名为原子能研究所。而且,当时的国际国内形势也在发生变化。新中国成立初期,我们还在医治战争创伤时,一场朝鲜战争让我们吃了技术装备落后的苦头,一些美军军官甚至提议用小型原子弹或核大炮攻击中国。

1951年10月,约里奥·居里请中国放射化学家杨承宗回国带口信给毛泽东:"你们要反对原子弹,就必须自己先要有原子弹。"居里夫人还将亲手制作的10克放射性镭交给杨承宗，让他带回中国。

1955年1月，毛泽东召开中央书记处扩大会议，这标志着中国核工业建设起步。三年后，中央专门组建了组织领导核工业的第二机械工业部。

高渊： 他那天回家是怎么跟你姑姑说的？

许进： 我姑姑后来回忆说，那天他回家比平时晚一些，但因为是夏天，所以到家天还是亮的。他一反常态，晚饭时没有喝酒，而且晚上翻来覆去睡不着。我姑姑就问他是不是有啥事，他过了好一会儿才说，要调动工作了。但具体到哪里、干什么都不能说，只说以后恐怕照顾不了这个家了。我姑姑当时心里想：难道是被派到敌人窝里去了？

那年，我姑姑30岁。她明白，以后需要她一个人带两个孩子，要照顾有病的公公和婆婆，还有自己的事业。她没再问，只是说：放心吧，我是支持你的。不久后，邓稼先带全家去照相馆拍了张全家福。

高渊： 有不少报道说，从1958年起，邓稼先夫妇一别就是28年，等再次相见，已是1986年邓稼先病重之时。这属实吗？

许进： 这个说法不准确。应该说，那28年他们确实聚少离多，邓稼先大部分时间都在基地工作。但他也会回北京，或者开会，或者向中央领导汇报工作。

当然，因为原子弹研究工作是绝密的，邓稼先必须从此隐姓埋名，跟一些好朋友也不再联系了。参加核武器的研制工作，就必须遵守保密纪律，个人的言行等一切行为都要服从保密规定，但他回京时和家人团聚是没有问题的。

核爆后千里探母

高渊： 邓稼先去了哪个部门？

许进： 二机部九局，后来改称九院，就是中国核武器研究院。他是

"二十年来勇攀后 二代轻舟已过桥"

第一批报到的,连他一共三个人。1958年,九院还没房子,就在北京北郊划了一大块高粱地,他们自己动手挑土、平地。不久后,九院就搬到青海的荒漠里去了。

其实他刚去的时候,是跟苏联专家打交道。当时,中苏两国签署了苏联援助中国建设原子能工业的协定,紧接着又签署了国防新技术协定。根据协定,苏联将向中国提供原子弹的教学模型,有200多名苏联专家到中国核工业系统工作。但苏联方面对此事能拖则拖,没过多久,苏联就中断援助并撤出了全部专家。

1959年7月,周恩来总理传达中央决策:"自己动手,从头摸起,准备用8年时间搞出原子弹。"二机部刘杰副部长把邓稼先找去,对他说,以后一切都要靠我们自己干了。

高渊: 当时,邓稼先的担子有多重?

许进: 他一去九院就担任理论部主任。对于这个部门的重要性,刘杰打过一个比方:"中国研制核武器的龙头在二机部,二机部的龙头在九院,九院的龙头在理论部。"简而言之,邓稼先是中国原子弹理论设计的总负责人。

同样是领军人物,奥本海默在美国受命时38岁,但已经是著名物理学家;邓稼先受命时34岁,还只是中科院的副研究员。而且,奥本海默团队集结了不少世界一流的物理学家,而邓稼先一开始只领导了28名刚毕业的大学生。

高渊: 他那时候状态怎么样?

许进: 九院搬出北京前,邓稼先还是每天回家的。他本来很开朗,但那段时间回到家里说话明显减少,家里原来晚间的欢乐气氛渐渐淡了下来。晚上躺在床上,看上去闭着眼睛睡着了,但我姑姑知道他没睡着,脑子里还在思考原子弹的理论设计。这是他特有的习惯。

他从小受父亲的影响,喜欢听音乐。以前他最爱的是贝多芬的田园

邓稼先：知识分子的榜样

交响曲，那段时间他一个人坐在晒台上，改听命运交响曲了，他感受到了前所未有的压力。他上下班喜欢骑自行车，后来有一天院领导突然叫住他说，老邓，以后不准你骑车了，你的眼神是直的。

高渊： 第一颗原子弹爆炸，比周总理提出的8年搞出原子弹，要整整提前了3年。

许进： 对，第一颗原子弹是1964年10月16日下午3点爆炸的。就在1964年八九月份，新疆罗布泊的上空不时有外国的侦察卫星掠过，有消息说，在中国核试验迫在眉睫之际，美国和苏联可能联手采取行动，进行外科手术式的定点清除。

当时只是传言，邓稼先去世后，我姑姑曾致信国防部长张爱萍询问此事，他是第一颗原子弹基地总指挥。张爱萍回信说，在1962年到1963年，就有情报说美国可能破坏我们兰州的核燃料工厂，当时国内有两种意见，一是立刻撤到西南山岳地带，二是加速兰州厂的建设，因为已经快建成了，中央最终选择了后一种方案。后来因为总统肯尼迪遇刺，美方没有采取进一步行动。

张爱萍在信中还说，对于核爆炸前夕经常掠过的侦察卫星，周总理直接打电话要求尽可能隐蔽，他也频繁致电总理，汇报核试验场的一切情况。

高渊： 邓稼先后来有没有跟你们说起，第一颗原子弹成功爆炸后的心情？

许进： 他还来不及庆祝，正在判读各种实验数据的时候，九院党委书记刁筠寿突然递给他一张回北京的机票，轻声说："你母亲病危。"

这时候，组织上已经安排好一辆加足油的吉普车，并特地配备了两名司机轮流开车，星夜把他送到乌鲁木齐机场。等他飞抵北京，已经是第二天下午了。我姑姑等在机场，直接带他到了医院。

邓稼先和母亲感情很深，小时候他特别顽皮，打翻过茶馆的大理石桌面,还掉到过北海的冰窟窿里,母亲都没舍得打。等他到了病房,母亲已经不能说话了,她因为哮喘肺炎发展到肺不张,动了手术也没用。但她弥留不去,终于等到了见儿子一面。

从未舍弃的亲情

高渊:邓稼先千里探母,说明不仅他自己没有因为工作而抛弃亲情,而且组织上也没有因为他从事的是绝密工作,而让他断绝与亲属的往来,甚至提前替他安排好了探亲行程。

许进:不仅他母亲去世是这样,他父亲去世时他也在身边。1973年5月,他父亲邓以蛰教授因病在北京逝世,享年81岁,一生平稳幸福。追悼会后,邓稼先作为长子,双手捧着骨灰盒走在家属行列的最前面。

高渊:他对自己的子女关心吗?

许进:他虽然长年不在北京,但把子女时刻放在心上。一开始,我姑姑承担起了全部家务,但"文革"开始后,她因为担任北医一个系的党总支书记,被打成"走资派",下放天津茶淀农场劳动。她一走,这个家就散了。女儿邓志典还不到15岁时,就去了内蒙古乌拉特前旗的生产建设兵团。有一次,邓稼先从西北基地回到北京,妻子和女儿都已不在家了,他把住在爷爷家的儿子邓志平接回来,父子俩在家里的晒台上站了好久。

那时候,邓稼先特别想念女儿。邓志典小时候生病,邓稼先为她输过血,感情特别深。据说他在基地看到牛羊走过,就会想起在内蒙古牧区的女儿。他终于利用一次出差的机会,顺路去了乌拉特前旗。女儿比以前更懂事了,但那里条件非常艰苦,连队的粮食吃完了,女儿曾连吃一个星期的野菜糠窝头,还要干挖水渠之类的重活。看着女儿原先乌黑浓密的头发变得细黄,狼吞虎咽地吃着他带去的肉罐头,邓稼先很心酸。

我的大姐当时和邓志典在一个团的两个连,走路要一小时。我和我母亲也去看望过她们,印象最深的是县城只有一个饭馆,在泥堆上放块木板就算桌子,热菜只有一个肉末豆腐,而且不知道是什么肉,根本咬不动。我母亲给她们每人带了一些猪油,让她们吃窝头的时候,可以偷偷蘸一下猪油。

高渊: 后来邓志典是怎么回北京的?

许进: 邓志典是因为患青光眼病退回北京的。她先到北京一家皮箱厂当工人,一干就是4年。到了1977年恢复高考,机会终于来了。但问题是,她这么小就去了兵团,其实只有小学文化程度,连牛顿定律都不知道,请的补课老师觉得起点太低没法补。

这时候,邓稼先正好有工作要在北京待3个月,他就亲自上阵了。但他发现,买不到教科书。我奶奶劳君展知道了,就送来一本她翻译的法国微积分教材。她曾在法国勤工俭学,后来在居里夫人的实验室工作过。她和同去法国的严济慈和她闺密魏璧等人,合作翻译了法国的高等数学教程,她负责其中的微积分部分。

邓稼先一边教,一边连说这本教材好。那时候,他们每天晚上学习到凌晨三四点。邓志平也一起复习迎考,他是高中毕业,起点比姐姐高了不少。但姐弟俩遇到问题,更喜欢去请教邻居于敏,他们觉得于敏叔叔讲得更加深入浅出,比爸爸好多了。

就这样苦战几个月,1978年姐弟俩同时收到大学录取通知书,姐姐学医,弟弟学工。

高渊: 邓稼先跟他岳父母许德珩、劳君展来往多吗?

许进: 他们常来常往的。邓稼先只要在北京,基本上每个星期天都要来我们家吃午饭。邓稼先家在北三环外面,我们家在景山。通常他们一家会先到王府井,他要去外文书店看看有没有需要的物理方面原版书,逛完书店再坐车到我们家来吃午饭。吃完饭,我祖父母回房间午睡,我们会在客厅聊会儿天,他们再回去。

高渊： 你们一般聊什么？

许进： 什么都聊，但邓稼先绝对不谈工作。只有一次，他忽然跟我们说，他工作的地方条件太艰苦了，他还可以吃小灶，能买到好烟好酒，但那些同事们更艰苦，而且他们的孩子很难考上好的大学。那时候已经恢复高考了，所以他有这种感慨。他说，他们的父母已经跟着我为国家奉献了一生，不能让他们的孩子接着奉献啊。

等座吃饭的乐趣

高渊： 你的印象中，邓稼先有什么生活爱好？

许进： 他爱好很多，喝酒喜欢五粮液，抽烟抽中华，刷牙要用美加净牙膏。他爱买书，爱看电影，常游泳、打乒乓，酷爱京剧，还喜欢下馆子。他非常热爱生活，但从不要求特殊照顾，更不摆谱。有了好东西，也喜欢和同事们一起分享。

高渊： 他每次来吃午饭，都会喝点酒吗？

许进： 因为我祖父不喝酒，每次午饭都是我父亲陪他喝点，但我从没见他喝多。邓稼先喜欢喝酒可能是受他父亲的影响。据说他每次回他父母家，都要陪着邓以蛰教授喝一杯。他从西南联大毕业后，在北大工作的第一个月，用全部工资买了两坛茅台酒和两条好烟孝敬了父亲。

高渊： 邓稼先对吃饭讲究吗？

许进： 他很喜欢吃对虾，我祖母一般都会为他准备一份。吃完后，他还会把剩下的虾油送到厨房，请大师傅用虾油蒸一碗鸡蛋羹。

他喜欢下馆子的习惯也是受他父亲影响。有一次，我们全家等他们来吃午饭，结果他们姗姗来迟，说已经在外面吃过了。邓志典跟我祖母说，姥姥，刚才我爸带着我们在饭馆里排队吃饭，我们是等在吃饭的人身后，等人家吃完我们就坐上去。我祖母笑着说，家里做好了饭你们不吃，干吗非要在外面排队吃？

其实我们也明白，是邓稼先想带着家人享受一下小家庭的生活。那时候顾客多、饭店少，吃饭往往需要等座，邓稼先还跟我们交流等座经验："要先判断哪桌菜快上齐了，还要注意他们是不是拼桌，然后就等在这桌人的后面。"

高渊：他有时间看京剧吗？

许进：他看戏有个特点，一般不会提前买票。因为他回北京主要是开会或者见领导，说回基地就要回去的。但他只要晚上有空，就会想着去看场京剧。他在剧场门口，一手举着钱，一边用标准的京腔问："有富余票吗？"

戏迷们管这叫"钓票"。于敏也爱看京剧，但他不好意思去"钓票"。邓稼先不管这个，他还向于敏传授心得，如何从来人的脚步和眼神判断对方是否想退票。

高渊：他外出有人随行吗？

许进：他当了九院副院长、院长后，出来会带个警卫员，包括来我们家吃饭也是这样。但他很少用公车，有时候会带着警卫员坐公交车。

"福将"如何炼成

高渊：在你的印象中，邓稼先是怎样的性格？

许进：他的性格非常随和，而我姑姑脾气比较急，这点像我祖父。每次在家里聊天，他都很喜欢听我们讲讲社会上的新闻，他觉得挺新鲜，很感兴趣，他自己说得很少。但有一次，他跟我说，他曾经一个人喝了一瓶五粮液，喝醉了。

高渊：是因为工作上的压力吗？

许进：在1986年前我国进行的32次核试验中，邓稼先亲自在现场主持了15次,凡是他作出的重大决策无一失误。他有一次说:"别人都管我叫福将,因为我是生在甲子年,甲是天干之首,子是地支之首,所以叫我福将。"但在"福将"背后,有谁知道他付出了多少心血,受到了多大剂量的辐射?

核试验起爆时刻,干这行的人把它称作零时。核爆零时前,需要技术负责人签字确认,这是一副千钧重担。邓稼先每次签字后,都会出现一小段时间浑身冰凉,这是一种煎熬。他曾开玩笑说,签字以后,就把脑袋别在裤腰带上了。

高渊: 听说干这行的人,把受辐射称为"吃剂量"。邓稼先吃过最大的剂量是哪一次?

许进: 邓稼先和放射性物质打了几十年交道,他经常出入车间,有一次开密封罐查看测试结果,原有防护措施挡不住新材料的放射,邓稼先他们一下子受到超出常量几百倍的辐射,但他自己没太在意。

最严重的一次发生在20世纪70年代末。当时军工事业受"文革"的严重破坏,降落伞质量不过关,高空投弹后伞没打开,导致核弹直接摔在地上,没有出现蘑菇云。指挥部派出100多名防化兵,也没能找回核弹,这是非常严重的问题,邓稼先不顾劝阻决定自己去。

在进入事故核心区前,他要求所有人退后,一个人冲进去,弯着腰在戈壁滩上寻找,终于找到了核弹碎片。这次遭受了极为严重的放射性钚239辐射,对身体的伤害是现代医学无法补救的。

高渊: 那次事故后,邓稼先身体状况变化明显吗?

许进: 那之后没几天,他回到北京检查,医生说他几乎所有化验指标都不正常。1980年后,他衰老得很明显,头发白了,工作疲劳也不易消除。有时候开着会,他会突然心跳加快,还会非常怕冷。

20世纪80年代初,当又一次核试验临近时,井下突然有一个信号测不到,邓稼先冒着零下30多度的严寒,亲自到井口检查,迅速排除了故障。核试验成功后，他很兴奋，精神一下子松弛下来，只喝了一口酒，就晕倒在地。医生护士赶过来，发现他脉搏微弱，血压几乎测不到，整整抢救了一整夜，他才醒过来。

高渊：他主持的最后一次核试验是什么时候？

许进：是1984年底，他60岁，身体已经极度虚弱。那次是试验第二代核武器，跟老一代核武器相比，第二代核武器在高空爆炸后，在保持生物杀伤力的同时，对物质环境的破坏较小，没有明显的放射性沉降，所以比较干净。

那次试验成功，让邓稼先非常兴奋，因为这是他一生事业的第三个里程碑。1986年8月，他去世几天后，《人民日报》发文称：从原子弹、氢弹原理的突破和试验成功及其武器化，到新的核武器的重大原理突破和研制试验，他都作出了重大贡献。

1989年7月，在邓稼先去世三年后，我国政府为这次核试验成功颁给他"国家科学技术进步特等奖"，奖项为：核武器的重大突破。奖金1000元，我姑姑捐给了九院的"邓稼先青年科技奖"。

杨振宁的热泪

高渊：你祖父母喜欢这个女婿吗？

许进：他们当面管他叫"稼先"，但两人自己聊天的时候，他们管我姑姑叫"希希"，管我爸爸叫"罗罗"，这都是他们的小名，而管邓稼先叫"邓孩子"。在他们心目中，邓稼先跟自己的子女是一样亲的。

1986年7月，邓稼先逝世时，我祖父已经96岁高龄，正住在医院。他得知这个消息涕泪交流，写下了8个字：稼先逝世，我极悲痛。

高渊：你怎么看待邓稼先和你姑姑的感情？

许进：他们的感情非常好。1958年，邓稼先在钱三强的办公室就

敬仰 "二十年来勇攀后 二代轻舟已过桥"

答应去研制核武器，他心里很清楚以后很难再管这个家，但他没说要回家跟我姑姑商量一下。如果不是他对我姑姑充分信任的话，他不会就这么贸然答应。

我姑姑现在还住在他们当年的老房子里，北太平庄的一套老三居室，家里陈设和我姑父在的时候完全一样。

高渊： 邓志典和邓志平姐弟近况怎样？

许进： 邓志典在1985年去美国学习，后来就生活在美国。出国前，邓稼先专门跟她聊了一下《走向深渊》这部电影，电影讲的是一个在非洲做机密工作的工程师的爱人去欧洲学习，被情报机关引诱窃密的故事。邓志典一听就明白了。

1986年7月，邓稼先病危时，组织上为邓志典买好回国机票，让她赶回来见到了父亲最后一面。邓志平现在就住在我姑姑家旁边的楼里，他们夫妇每天都会去照顾我姑姑。

高渊： 邓稼先还有一位老朋友杨振宁，1971年，他获诺贝尔奖后首次回国，曾无意中帮助邓稼先脱离困境？

许进： 杨振宁和邓稼先在北京崇德中学上学时就是好朋友，后来在西南联大再度相逢，杨振宁高两级，邓稼先称他是自己的课外老师。邓稼先在普渡大学留学时，一度生活拮据，每顿饭只能吃几片面包加一点香肠，杨振宁曾多次接济他。

1971年夏天，杨振宁回国后，开列了一张朋友名单，第一个想见的就是邓稼先。这无意中帮助了邓稼先，因为当时他和一批高级专家被集中在青海一个基地办学习班。最严的时候没有行动自由，门外有人守着，吃饭由别人送进来。名单上报中央后，邓稼先立即被周总理召回北京见客。

高渊： 那次见面后，杨振宁还被邓稼先感动哭了？

许进： 他们在北京见面时，杨振宁没问他在哪里工作，具体做什么。但还是没忍住，他问起一个中文名叫寒春的美国人，是否参与了中国的原子弹工程。

邓稼先欲言又止。面对老朋友的询问,他不愿意撒谎说不知道。但是无论他回答是或者不是,都会暴露他参加原子弹研制的身份,违反保密纪律。邓稼先马上将这件事向上级报告。周恩来总理得知后立即通知邓稼先:"可以告诉杨先生,中国的原子弹、氢弹全部是由中国人自己研制的。"

邓稼先马上给杨振宁写了一封信,派人乘飞机送到上海。在上海市领导举行的饯行宴会上,杨振宁接到了这信封。他迫不及待地拆开信封,当看到邓稼先写的"中国的原子弹、氢弹全部是由中国人自己研制的"这段话时,杨振宁忍不住泪水夺眶而出,不得不起身离席到洗手间去宣泄一下感情。

高渊: 邓稼先病重后,杨振宁也曾多次去探望?

许进: 1985年夏天,邓稼先查出直肠癌晚期,363天后去世。他在北京301医院住院期间,杨振宁曾两次前去探望,相谈甚欢。他去世后,杨振宁还去了八宝山祭奠。我姑姑拿出一个蓝色的盒子交给他,说这是邓稼先嘱咐留给他的,里面是安徽出产的文房四宝,是邓杨两位共同的家乡特产。

我姑姑曾跟杨教授说,中国在核武器研制上花的钱比别的国家少得多。杨振宁默默地摇摇头,轻声说,如果从搭上科学家的性命来看,就不能这样计算了。

高渊: 杨振宁怎么评价邓稼先?

许进: 他跟美国原子弹设计的领导人奥本海默曾共事多年,在他看来,奥本海默是个锋芒毕露的人,而邓稼先恰恰相反,非常忠厚平实,一个"纯"字就能代表他的性格。杨振宁说,如果邓稼先是美国人,他不可能成功领导美国原子弹工程;如果奥本海默是中国人,也不可能成功领导中国的原子弹工程。

"二十年来勇攀后 二代轻舟已过桥"

所以他特别佩服钱三强和葛若夫斯,因为他们两位有识人之才,分别选择了邓稼先和奥本海默作为各自国家的核武器研究领导者。

最后一次核试

高渊: 还有一位必须再次提起的人,是今年年初刚去世的于敏。邓稼先的人生最后时刻,他在301医院的病床上,写下了一份影响深远的建议书,联合署名者就是于敏。

许进: 对,这是这两位老战友的最后一次重要合作。20世纪60年代,在基本完成原子弹理论研究后,九院理论部的重心转向了氢弹。当时,黄祖洽、周光召和于敏三人领导的团队,分别拿出了三个研制氢弹可能途径。于敏还率人前往上海,用那里的高性能计算机进行演算。紧接着,邓稼先也率团队赶到上海,他们晚上就睡在机房的地板上。

最终,在三个方案中,选择了于敏的方案,国外把中国的氢弹研究方案称为"邓—于方案"。后来新一代核武器的理论研究,也是由他们两位牵头的。

高渊: 所以很多人说,邓稼先和于敏是黄金组合。

许进: 当时他们基地的氛围很好,有些人喜欢给领导起外号。邓稼先中年时体型比较壮实,而且脸方显大,就管他叫"胖子"。于敏很早就谢顶了,他的外号是"秃子"。基地的人说,如果看到"胖子"和"秃子"紧着在一起忙活,那就是核弹又要响了。

高渊: 那份最后的建议书具体说什么?

许进: 查出癌症后,邓稼先是在1985年8月10日动的手术。手术后没几天,他就要来一大堆书籍材料,还把病房变成会议室,约同事们来商量。他心里放不下的,就是要赶紧向中央提交一份建议书。

当时全球核武器发展的形势正在发生重大变化,美苏英三个核大国的技术水平已经接近理论极限,他们无须再在空中或地下进行核爆炸,只要在计算机上就能取得核试验数据。这时候,他们就想禁止别国进行核试验,以此保持自己核强国地位。

而当时,中国的核事业处于十分敏感的阶段,一旦受干扰而停滞,可能就会功亏一篑。那份建议书的主旨,就是要争取时机加快发展,为中国核武器试验订出了十年目标计划,同时在实现途径和措施上作了非常详细的安排。

到了1986年3月,建议书终于完成。邓稼先在病床上把它交给我姑姑,让她赶紧送走,只嘱咐了一句:"这比你的生命还重要。"

高渊: 后来事态的发展,跟这份建议书的内容吻合吗?

许进: 邓稼先去世后的十年,中国又进行了13次核试验。于敏等人在后来的回忆文章中说:"每当我们在既定的目标下,越过核大国布下的障碍,夺得一个又一个的胜利时,无不从心底钦佩稼先的卓越远见。"

在1996年7月29日,中国政府发表声明说,当天中国成功进行了一次核试验,宣布从第二天起,中国开始暂停核试验。一个多月后,联合国成员国共同签署了《全面禁止核试验条约》。很多人不知道,中国进行最后一次核试验的日子,是很有意味的。

高渊: 这个日子的深意在哪里?

许进: 1996年7月29日,正是邓稼先去世十周年的纪念日。这是当时高层特意选定的日子,就是要让人们永远铭记邓稼先对我国核武器研制事业作出的不可磨灭的贡献。

邓稼先不仅是伟大的科学家,也是卓越的战略家。

◇ 本文转载自上观新闻,2019年11月1日。

附录

邓稼先年表

◆ 1924年6月25日（农历五月十九）

邓稼先出生于安徽省怀宁县城外的邓家大屋，也叫铁砚山房的祖居内。父亲邓以蛰当时是北京大学教授，母亲王淑蠲，操持家务。邓稼先出生8个月以后，随母亲和两个姐姐来到北平（北京市）。

邓家的祖上原住在江西省，明代，朝廷安排大批人口南迁，在邓君瑞带领下，在距今约六百多年前时，举家迁至安徽定居。清代大书法家邓石如（1743—1805）是邓稼先的六世祖。

◆ 1929年   5岁

入武定侯小学，读至三年级。

◆ 1932年　　　　　　　　　　　　　　　　　　　8岁

入北平四存小学四年级，读至毕业。

◆ 1935年　　　　　　　　　　　　　　　　　　　11岁

入北平志成中学，读初中一年级。

◆ 1936年　　　　　　　　　　　　　　　　　　　12岁

插班考入北平崇德中学初中二年级，读到高一（因抗日战争，崇德中学在1939年停办）。这三年，他在英文、数学、物理方面打下了良好的基础。在崇德中学，杨振宁比他高两班，两人成为好友。

1937年7月7日，卢沟桥事变，抗日战争爆发。清华大学和北京大学都搬迁到云南昆明。邓稼先因父亲患重病，全家滞留沦陷后的北平。没有了父亲的薪水，家庭生活一落千丈。

◆ 1939年　　　　　　　　　　　　　　　　　　　15岁

9月，再入北平志成中学，读高中二年级。对日寇的欺压愤恨反抗。为避迫害，没读完高二，于1940年5月出走。途经上海、香港、越南的海防、老街，到达昆明。

◆ 1940年　　　　　　　　　　　　　　　　　　　16岁

自7月至9月，在昆明升学补习班学习。10月到四川江津国立第九中学，读高中三年级至1941年7月毕业。在1941年夏去重庆考大学的途中，走在长江边上时，正遇日军飞机狂轰滥炸，百姓伤亡惨重，邓稼先也险遭不测。

◆ 1941年　　　　　　　　　　　　　　　　　17岁

入国立西南联合大学物理系，学号A4795。由北京大学、清华大学、南开大学三校合并而成的西南联大，是抗日战争时期我国的最高学府。邓稼先在此学习四年，终身受益。杨振宁也在联大读物理系及研究生，比他高三班，两人相交甚厚。在西南联大，生活十分困苦，又常躲轰炸，但因名教授多，并且是反对内战、呼吁和平的民主爱国学生运动的基地之一。邓稼先经好友杨德新同学介绍加入了"民青"（共产党的外围组织），积极参加学生运动。1945年夏，邓稼先大学毕业，正当抗日战争胜利日本投降之时。

◆ 1945年　　　　　　　　　　　　　　　　　21岁

在昆明培文中学、文正中学任数学教员各半年。

◆ 1946年　　　　　　　　　　　　　　　　　22岁

回到北平，任北京大学物理系助教（自1946年6月到1948年7月），同时在北京大学讲助会义务工作，积极参加了解放战争时期的北平学生运动。在1947年，他顺利地通过了赴美研究生考试。1946年，许鹿希考入北京大学，在上一年级物理课时，邓稼先是助教，彼此留下良好印象。

◆ **1948年**　　　　　　　　　　　　　　　　　　　　24岁

在美国普渡大学（Purdue University）物理系读研究生。他的博士论文题目为《氘核的光致蜕变》（*The photo-disinte gration of the deuteron*）。经过近两年的努力，自1948年10月至1950年8月，邓稼先读满学分，完成了学位论文，并于1950年8月20日获得博士学位。9天后，即1950年8月29日，他登上了"威尔逊总统号"轮船回国。

◆ **1950年**　　　　　　　　　　　　　　　　　　　　26岁

在中国科学院近代物理研究所（后改名为原子能研究所）工作了8年（自1950年10月至1958年8月）。先做助理研究员约两年，随后提升为副研究员。当时原子核物理研究在中国还是一块空白，他与同事们一起，为我国核理论研究做了开创性的工作。发表了数篇科研论文。1951年加入九三学社。1956年4月加入中国共产党。自1954年到1958年兼任中国科学院数理化学部的副学术秘书。在1953年与许鹿希结婚，1954年女儿邓志典出生，1956年儿子邓志平出生。

◆ **1958年**　　　　　　　　　　　　　　　　　　　　34岁

8月，调到第二机械工业部第九研究院任理论部主任。当时担任原子能研究所所长和二机部副部长的钱三强先生对邓稼先说，国家要放一个"大炮仗"，要调他去做这项工作。邓稼先立刻明白这是调自己去造原子弹。那一夜，邓稼先夫妻彻夜未眠，他对妻子说："我要调动工作了。我的生命就献给未来的工作了。做好了这件事，我这一生就过得很有意义，就是为它死了也值得。"自此，邓稼先在九院工作了28年，直到生命之火熄灭。从1958年8月至1971年4月，任九院理论部主任；从1971年4月至1972年11月任九院的901所副所长；从1972年11月至1980年1月，任第九研究院副院长；从1980年1月至1986年7月，任第九研究院院长。

其间，邓稼先于1980年11月当选为中国科学院的物理学数学部学部委员（院士），1982年被任命为核工业部科学技术委员会副主任，1986年被任命为国防科学工业委员会的科学技术委员会副主任。在1982年中国共产党的第十二次全国代表大会上，当选为中央委员会委员。

◆ 1959年　　　　　　　　　　　　　　　　　35岁

周恩来总理传达中央决策："自己动手，从头摸起，准备用8年时间搞出原子弹。"中国的第一颗原子弹的代号为596。

邓稼先选定了：中子物理、流体力学和高温高压下的物质性质这三方面作为研制我国第一颗原子弹的主攻方向。选对了主攻方向，是邓稼先为我国原子弹理论设计工作作出的最重要贡献。按照这个主攻方向，邓稼先将调来理论部的大学毕业生们分成了中子物理、流体力学和状态方程三个组开展工作。事实证明，主攻方向选得正确，是以后研制工作顺利进行的重要保证。当时我国的大学中还没有设置核物理专业，优秀的毕业生来自数学、物理、冶金、建筑、外文等各方面，先得有一个读书补课的阶段。邓稼先亲自讲课，组织讨论，形成学术民主风气。除了全面掌握三个组外，邓稼先亲自参与状态方程组，在国外极端保密、国内没有任何实验条件下，和年轻人一起推算出高温高压下核材料的状态方程式，是邓稼先在原子弹攻关过程中科研上的重大贡献之一。为了获得一个关键数据，他们曾在计算机上反复算了9遍，每一遍有几万个网点，每个网点要解五六个方程式，算完了的计算机打孔纸带子用麻包装着从地面堆到了房顶，终于得到正确的结果。就是这样苦干了约三年，终于拿出了原子弹的理论设计方案。多年后，在邓稼先领导下，总结了上百位科学家的成果，写了一部巨著《我国第一颗原子弹理论研究总结》（因绝密，不能发表）。

◆ 1962年　　　　　　　　　　　　　　　　　　　　　　　　38岁

9月11日，经罗瑞卿审定，二机部向中央打了一个"两年规划"的报告，此报告提出争取在1964年，最迟在1965年上半年爆炸我国的第一颗原子弹。二机部敢于立此军令状，就是因为邓稼先和他的同事们已经拿出了原子弹的设计方案。毛泽东主席于1962年11月3日亲笔批示，"很好，照办。要大力协同做好这件工作。"刘少奇主持召开中央政治局会议，指出：即使1965年搞出原子弹来也是好的。并决定成立中央15人专门委员会，周恩来总理为主任。

◆ 1963年　　　　　　　　　　　　　　　　　　　　　　　　39岁

聂荣臻元帅在1963年9月下达命令，让邓稼先领导的九院理论部中研制原子弹的全班人马，转去承担中国第一颗氢弹的理论设计任务。因之，中国的第一颗氢弹的代号为639。

◆ 1964年　　　　　　　　　　　　　　　　　　　　　　　　40岁

10月16日15时，中国的第一颗原子弹爆炸成功。它是一颗用核材料铀235制成的原子弹，采取内爆式，托在120米高的铁塔上，进行地面塔爆。其威力相当于2万吨TNT炸药（我国第一颗原子弹的代号为：

596）。多年后，即1985年，因"原子弹的突破和武器化"邓稼先获得国家科学技术进步奖特等奖（证书号：85-KG2-T-004-2）。研制成功原子弹，是邓稼先人生旅途上的第一个里程碑。

◆ 1965年　　　　　　　　　　　　　　　　　　　　41岁

邓稼先领导理论部的科学家们夜以继日地探索氢弹理论设计方案。提出了多种想法，由邓稼先主持选定技术途径，并分头上计算机去实际运算研制氢弹的可能途径。于敏副主任和几个青年科研人员在上海见到了一束智慧之光，邓稼先带人立即从青海飞抵上海，在计算机房和他们一起不分昼夜地又干了一阵子，终于形成了一个有充分论证根据的氢弹理论设计方案。后来，此方案被外国人称为研制氢弹的"邓—于理论方案"。

5月14日，中国进行了第二次核试验，用飞机空投一颗原子弹，在预定高度爆炸，威力相当于2万~4万吨TNT炸药，核爆试验结果与理论设计基本一致。

◆ 1966年　　　　　　　　　　　　　　　　　　　　42岁

1966年我国共做了三次核爆试验。其中，5月9日的核试验使用内活化指示剂方法测量14兆电子伏中子总数，取得了热核材料聚变当量的数据。此核弹在铀235核裂变材料中加入了氘化锂-6热核材料。核爆试验结果表明，核反应过程与理论预计基本一致。这次核爆试验为氢弹设计提供了重要的实测数据。

10月27日，原子弹与导弹对接在一起，自我国的山城子发射，飞行约1000公里后，到达罗布泊上空的预定高度处，原子弹爆炸试验取得了圆满成功（导弹核武器对接的核爆炸试验）。

12月28日，突破氢弹原理的核爆试验成功。在我国的核武器研制史上，它是一次极为重要的核试验，用地面塔爆方式，裂变核材料是铀235，热核材料为氘化锂-6，其爆炸威力相当于30万~50万吨普通的TNT炸药。此次试验成功证明了研制氢弹的"邓—于理论方案"是正确的，解决了自持热核反应、利用原子弹来引爆氢弹、放出巨大能量等一系列要素，为半年后我国第一颗氢弹的成功奠定了基础。

◆ 1967年　　　　　　　　　　　　　　　　　　43岁

6月17日，中国的第一颗氢弹爆炸试验成功。它的代号是639。这颗氢弹用飞机空投，其爆炸威力约相当于300万吨的普通TNN炸药。使用了铀235、铀238、重氢、锂-6等核材料、采用了裂变—聚变—裂变型方式（Fission—fusion—fission type）。

从1964年10月16日第一颗原子弹成功，到1967年6月17日第一颗氢弹成功，我国只用了两年零八个月的时间，比起其他核大国来，速度是最快的。

12月24日，以飞机空投一个小的氢弹，试验成功。

多年后，即1985年，邓稼先因"氢弹的突破及武器化"获得国家科学技术进步奖特等奖（证书号：85G–KG2–T005–2）。

研制成功氢弹，是邓稼先人生旅途上的第二个里程碑。

◆ 1968年　　　　　　　　　　　　　　　　　　44岁

12月27日，用飞机空投一颗氢弹的核爆试验成功。其威力约等于300万吨普通TNT炸药。可用飞机空投氢弹，其意义表明它已成为武器。

◆ 1969年 45岁

本年内进行了两次核试验。

9月23日,首次地下核试验成功,爆炸了一颗原子弹,其威力相当于2万~2.5万吨普通TNT炸药。

9月29日,用飞机空投一颗氢弹成功,其威力约相当于300万吨的TNT炸药。

◆ 1970年 46岁

10月14日,飞机空投氢弹成功,当量为300万吨。

◆ 1971年 47岁

这时,"文化大革命"的恶风已侵袭九院,许多立过大功的科学家蒙冤被整,邓稼先和于敏、胡思得等人也被集中到青海221基地去遭受批斗,情况万分紧急。正在此时,杨振宁先生自美国经巴黎飞抵上海,首次回大陆探亲访问(当时中美两国尚未建立外交关系)。他开列了在北京要见的人员名单,第一个人就是邓稼先。周恩来总理批示要邓稼先回京会见,救出了邓稼先,也解救了一批中国宝贵的科学家,221基地里暗无天日的情形自此也结束了。

依照周恩来总理的指示,邓稼先连夜写信告诉杨振宁:"中国的原子弹氢弹全部是由中国人自己研制成的,没有一个外国人参加。"此信派专人乘民航班机送到上海,在8月16日钱行的晚宴上送到杨振宁手中。

11月18日,中国又成功地爆炸了一颗原子弹。

◆1972年　　　　　　　　　　　　　　　　　　　　　　48岁

本年内成功地进行了两次核试验。

1月7日，用飞机空投了一颗原子弹，其威力小于2万吨TNT炸药。

3月18日，用飞机空投爆炸了一个核装置，可能是一种热核弹头的引爆装置。其当量为10万~20万吨。多年后，即1987年7月，邓稼先因此而获得国家科学技术进步奖特等奖，获奖项目为：××××弹装置的突破，证书号为：87-KG2-T-02-01（注：因保密，只好用××××代替汉字）。此特等奖在邓稼先逝世后一年发下。

◆1973年　　　　　　　　　　　　　　　　　　　　　　49岁

6月27日，用飞机空投一颗氢弹成功，其当量大于200万吨TNT炸药。

◆1974年　　　　　　　　　　　　　　　　　　　　　　50岁

6月17日，成功地在大气层放了一颗氢弹，其爆炸威力接近100万吨TNT炸药。

◆1975年　　　　　　　　　　　　　　　　　　　　　　51岁

10月27日，进行了一次地下核试验，爆炸一个原子弹，其当量小于1万吨TNT炸药。

◆ 1976年　　　　　　　　　　　　　　　　　52岁

本年内成功地进行了4次核试验。

1月23日，在大气层爆炸了一颗原子弹，当量小于2万吨TNT炸药。

9月26日，在大气层爆炸了一个核装置，当量为20万吨TNT炸药。

10月17日，进行了一次地下核试验，爆炸一颗原子弹，当量为1万~2万吨TNT炸药。

11月17日，飞机空投一颗氢弹，其当量为400万吨TNT炸药，是中国至今当量最大的一次。《人民日报》等各大报都在一版以通栏标题报道：《中国进行了新的氢弹试验》。

◆ 1977年　　　　　　　　　　　　　　　　　53岁

9月17日，在大气层爆炸了一颗原子弹，当量小于2万吨。

◆ 1978年　　　　　　　　　　　　　　　　　54岁

本年共进行了3次核试验，在核武器的小型化上取得经验。

3月15日，在大气层爆炸了一颗原子弹，其威力远小于2万吨，也许只有6000吨TNT炸药的爆炸威力。

10月14日，地下核试验，爆炸了一颗原子弹，当量小于2万吨。

12月14日，在大气层爆炸了一颗原子弹，其威力小于2万吨。

◆ 1979年　　　　　　　　　　　　　　　　　55岁

深受"文革"破坏的军事工业，在这一年体现了出来。一次飞机空投后降落伞没有打开，核弹从高空直接摔到了地上，距离预定的爆心很远。一百多名防化兵到现场去找，没有找到核弹的痕迹。邓稼先亲自去找，他找到了，用手捧起了碎弹片，并向领导说："平安无事。"但是邓稼先本人却受到了放射性物质的严重损害，这对他的健康和寿命给了无情的狠命一击。

9月13日，中国成功地进行了一次核试验。

◆ 1980年　　　　　　　　　　　　　　　　　　　　　56岁

10月16日，核试验成功。在排除了核试验前临时出现的问题，核爆试验成功后，邓稼先的精神松弛下来。他突然昏厥，脉搏微弱，血压低到测不出数据。医生护士抢救了一整夜才苏醒过来。

◆ 1982年　　　　　　　　　　　　　　　　　　　　　58岁

10月5日，地下核试验成功。

◆ 1983年　　　　　　　　　　　　　　　　　　　　　59岁

本年进行了两次地下核试验，均获成功。时间分别是5月4日和10月6日。

◆ 1984年　　　　　　　　　　　　　　　　　　　　　60岁

10月3日和12月9日，各进行了一次地下核试验，取得了突破性的成功。邓稼先高兴地写下诗作："红云冲天照九霄，千钧核力动地摇。

二十年来勇攀后,二代轻舟已过桥。"此时他的身体状况已很差,但仍坚持工作。五年后,邓稼先因"核武器的重大突破"而获得国家科学技术进步奖特等奖,证书号为:89-KG2-T-01-02,这时已是1989年,他已逝世三年了。突破第二代核武器(中子弹),是邓稼先人生旅途上的第三个里程碑。

◆1985年　　　　　　　　　　　　　　　　　　　　　61岁

邓稼先因患直肠癌于1985年7月30日住院,在8月10日做了清扫癌瘤手术。病理检查是恶性程度高的类型,已有转移,预后不良。

邓稼先知道自己将不久于人世,面对着当时的国际局势和核大国对我国的压力,他急于把今后中国在国防上特别是核武器方面的对策写出留下来。他看到三个核大国的设计技术水平已接近理论极限,达到了实验室模拟的地步,并想用核禁试来封住别国,保住自己核强国地位的局面,我们中国的核事业正处于十分关键和敏感的发展阶段。

邓稼先忍住病痛,在病房里和九院的同事们反复商量并拟定给中央的建议书。建议书中非常详细地列出了我国今后的主要目标、具体途径和措施。由邓稼先和于敏署名。

◆1986年　　　　　　　　　　　　　　　　　　　　　62岁

4月2月,由邓稼先和于敏署名,饱含着九院多位科学家心血的建议书完成,上交中央。

此后,按照这份建议书制定的目标、途径和措施,九院继任院长们带领全体同志努力干了十年,终于使我国也达到了能够停止核爆试验,代之以实验室模拟的高度。

写出上交中央的建议书，使我国能达到停爆搞模拟，是邓稼先人生旅途上的第四个里程碑。

6月，医院发出邓稼先病危报告。中央军委指示对邓稼先解密。6月24日，《解放军报》头版刊发报道《"两弹"元勋邓稼先》，《人民日报》《光明日报》《瞭望》周刊等陆续在显著版面报道他默默无闻奋斗28年的事迹。

7月15日，万里代总理到病房看望邓稼先并通知授予他全国劳动模范称号。两天后，即7月17日，李鹏副总理来到病房授此称号的证书及奖牌。

7月29日，邓稼先逝世，享年62岁。

8月3日在北京八宝山开了追悼会，张爱萍将军致悼词。

1996年7月29日，即邓稼先逝世十周年的日子，中国成功地进行了她最后的一次核爆试验，并立即在各大报上发表中华人民共和国声明，1996年7月30日起，暂停核试验。

从这一份年表中我们可以看出，邓稼先在他的一生中，以原子弹、氢弹、中子弹、暂停模拟四个里程碑的贡献，向中华民族、向祖国献上了他的忠心。

◌ 本文转载自：许鹿希　邓志典　邓志平　邓昱友著《邓稼先传》，中国青年出版社，2015年2月第一版

后记

"两弹一星"成功研制,是中华民族为之自豪的伟大成就,是新中国社会主义建设的重要标志,充分显示了中华民族的创造能力,在国内外产生了巨大而深远的影响。

2020年9月11日,习近平总书记在科学家座谈会上讲话指出:"我国科技事业取得的历史性成就,是一代又一代矢志报国的科学家前赴后继、接续奋斗的结果。从李四光、钱学森、钱三强、邓稼先等一大批老一辈科学家,到陈景润、黄大年、南仁东等一大批新中国成立后成长起来的杰出科学家,都是爱国科学家的典范。"

"两弹元勋"邓稼先,中国核武器研制的开拓者和奠基者。1986年7月29日,邓稼先用生命最后的呼吸回应了28年前的领衔受命。他临终前最后一刻,仍心系祖国的尖端武器研究"不要让人家把我们落得太远……"

"干惊天动地事,做隐姓埋名人。"在中国核科技事业光辉历程中,邓稼先是千千万万奋斗者中的一位杰出代表。正如他自己1986年7月17日在医院接受全国劳动模范称号发言时所讲:"核武器事业是要成千上万人的努力才能成功,我只不过做了一小部分应该的工作,只能作为一个代表而已。"杨振宁曾经评价他："邓稼先是中国几千年传统文化所孕育出来的有最高奉献精神的儿子。邓稼先是中国共产党的理想党员。"

2024年是邓稼先诞辰100周年，自他去世后，在全国各大媒体上，人们陆续撰写文章缅怀这位对中国核科技事业有着重要贡献的"两弹元勋"，他的领导、战友、学生、亲人，还有记者作家等都通过不同的视角，记忆与他共事或采访的那些点滴岁月往事，其音容笑貌仿佛依旧在我们眼前……为了纪念与铭记，我们选取了一部分有代表性的文章汇编成册，其目的一是纪念缅怀这位中国核武器事业的奠基者开拓者；二是通过他的工作与生活瞬间侧面，让更多的人了解一个生活中的邓稼先、一个同事眼中可爱的邓稼先、一个在工作中具有高度责任感而又严谨的邓稼先；三是作为四川两弹一星干部学院党性教育培训教材，希望为培训班学员提供学习资料，同时，也为领导干部和广大党员、科技工作者、大中小学生学习提供参考。

基于邓稼先从事工作的特殊性，我们有限地选取三十余篇文章，尽量选择客观真实、实事求是、与他共同工作生活的同事和亲人的文章，有的文章从今天角度看，可能个别细节还需考证研究，但是我们依然坚持保持原文原貌呈现给读者，以便让读者能真切感受那个时代并了解这位曾经感动无数中国人民的科学家。对于本书的编辑，我们在此致谢文章作者们的鼎力支持，特别是作为第一代创业亲历者的作者，他们有些已经故去，在此向他们致敬。最后感谢所有为本书作出贡献的人们。

邓稼先是中国知识分子的榜样，他的事迹将永远激励我们奋勇前行。

由于编者水平有限，加上时间仓促，书中难免有疏漏和不当之处，敬请批评指正。

《邓稼先：知识分子的榜样》编辑组

2024年5月